영원한 지금

마음을 밝히다

선재 박준수 조사선 법문집

영원한 지금

마음을 밝히다

평생을 묵묵히 함께 하여 준 아내 김정숙님에게

무한한 고마움을 담아 이 책을 드립니다.

서문(序文)

있는 그대로를 스스로 그러함이라 하여 자연(自然)이라 한다. 불교에서는 이를 두고 부모미생전(父母未生前)의 본래면목(本來面目)이라 한다. 불교는 그 있는 그대로를 깨닫게 하는 가르침이다.

석가는 깨닫고 나서 우리에게 "만물은 각기 따로 존재하는 것이 아니다. 그것들을 둘로 나눌 수 없다(不二)."라고 하였다. 금강경에서 말하는 일합상(一合相)이다.

불교의 가르침 중 조사선(祖師禪)은 곧바로 "진정한 나는 누구인가?"를 묻는다. 이에 대해 선사들은 "이심전심(以心傳心) 교외별전(教外別傳) 직지인심(直指人心) 견성성불(見性成佛)이다."라고 하면서 "할(喝)"과 "방(榜)"을 쓰고, 주장자를 높이 들어 보이고, 때로는 "뜰..앞..의.. 잣..나..무.." 라며 있는 그대로를 보여 주었다.

선사들의 "할"과 "방", "높이 들어 올린 주장자", "뜰.. 앞..의.. 잣..나..무.." 앞에서 우리는 망연자실해진다. 선사들의 답에 우리는 은산철벽

(銀山鐵壁)을 앞에 둔 것 같다. 조사선의 이러한 가르침을 두고, 깨달음에 이르는 가장 빠른 길이라 한다. 참으로 그렇다. 부처는 금강경에서 "삼라만상은 모두 허망하여 이름일 뿐이다. 만약 이와 같이 볼 수 있다면 바로 여래를 볼 수 있다. 일체 만물은 꿈같고 환상 같고 거품 같고 그림자 같고 이슬 같고 번갯불 같으니 마땅히 이와 같이 볼 것이다. 일체가 허망하여 머물 곳이 없으니 머물 곳 없는 곳에서 그 마음을 내라(凡所有相 皆是虛妄 若見諸相非相 卽見如來 一切有爲法 如夢幻泡影 如露亦如電 應作如是觀 應無所住 而生其心)."고 하였다.

여기에 석가, 부처, 선사들 가르침의 골수가 다 있다. 일체 만물이 모두 허망하다면, 우리의 일상인 보고 듣고 느끼고 알고 말하고 침묵하고 움직이고 멈추는 과정에서 머물 곳이 없다. 진정 머물지 않을 수만 있다면, 견문각지(見聞覺知) 어묵동정(語黙動靜)의 우리 일상이 있는 그대로이며, 여래의 드러남이 아니고 무엇이겠는가?

깨달음으로 이끄는 방편으로 현정파사(顯正破邪)와 파사현정(破邪顯正)이 있다. 현정파사는 여래를 보면 일체유위법이 개시허망하다는 것을 알게 된다는 것이고, 파사현정은 일체가 허망함을 보면 있는 그대로인 진리가 드러난다는 뜻이다.

조사선의 가르침은 현정파사에 가깝다. 하지만 이 책에서는 어느 한 가지 방편을 고집하지 않고, 때로는 현정(顯正)을 앞세우고 때로는 파사(破邪)를 앞세워서, 부모미생전의 본래면목을 깨닫도록 안내하고자 한다.

필자는 청년 시절에 탄허 스님의 법문을 가까이 하였고, 중년에는 백봉 김기추 선생님에게서 만법귀일 일귀하처(萬法歸一 一歸何處) 화두(話頭)를 받아 참구하였다. 두 스승님이 열반한 후 의지할 곳을 찾지 못하다가, 청광 선사님께 화두 점검을 받았고, 60살이 넘어 무심선원 김태완 선생님을 만나게 되었다. 김태완 선생님의 법문을 들으며 대롱으로 하늘을 보는 실마리를 잡았다고 자부할 수 있으니, 이는 모두 스승님들의 은혜를 입은 덕이라 하겠다. 한편으론 이 책으로 인하여 스승님들께 누가 될 것이 두렵다. 잘못이 있다면 이는 전적으로 필자의 우둔함으로 인한 것임을 밝힌다.

아직 투철하지 못한 안목(眼目)임을 자인하면서도 감히 이 책을 내기로 마음먹은 것은, 그 첫 번째가 눈 밝은 선지식(善知識) 앞에서 필자의 살림을 점검받고자 함이요, 두 번째는 후학들의 안내서가 될 수 있다면 필자로서는 그 이상의 바람이 없기 때문이다.

이 책이 나오기까지 원고 정리와 교정 등에 수고를 아끼지 않으신 김진묵, 김길성, 오기남, 윤수민, 이만덕 도반님께 마음 깊이 감사를 드린다.

2023. 1.
부암동 서재(書齋)에서

일러두기

필자는 약 10여 년에 걸쳐 선불장과 삼일선원(유튜브에 법문 영상 있음)에서, 뜻을 같이 하는 도반들과 함께 조사선을 공부하였다. 이 책은 필자가 선불장과 삼일선원에서 법문 시 사용하였던 자료들을 모은 것으로, 그 현장성을 살리기 위하여 가감 없이 그대로 실었다.

글 중에 "뜰.. 앞.. 의.. 잣.. 나.. 무.."와같이 ".. .. .."으로 표현한 것은 글씨도 아니고 말도 아닌, 살아 있는 말씀임을 밝힌 것이다.

매 글에서 "모양 있는 것은 모두 허망하여 실체가 없으니 만약 일체가 허망함을 볼 수 있다면 여래를 바로 볼 수 있다(凡所有相 皆是虛妄 若見諸相非相 卽見如來)."라는 것을 밝혔다. 이를 통해 비교에서 벗어난 중도를 얻어, 주인으로 살 수 있게 하였다(隨處作主 立處皆眞).

글 중에 같은 내용이 중복되는 경우가 많으나, 이는 필자가 법문을 할 때 동일한 방편을 반복해서 사용했기 때문이다. 법문의 현장성을 살리기 위해 가감 없이 그대로 실었다.

‖ 목 차 ‖

소를 찾다(見牛)

소를 얻다(得牛)

소를 길들이다(牧牛)

소를 타고 집에 돌아오다(騎牛歸家)

깨달음을 내려놓다(忘牛存人)

망상도 보리도 내려놓다(人牛俱忘)

본래 자리로 돌아오다(返本還源)

출세간의 안목으로 세간을 산다(入廛垂手)

소를 찾아 나서다
(尋牛)

나는 누구인가?

알 수가 없고

내 쉴 곳은 어디인가?

찾을 수가 없네.

1. 석가, 조사선의 가르침

석가 가르침의 골수는 "실재(實在)는 둘이 아니다."는 것이다. 이는 깨달음으로서만 증득되는 것으로, "둘이 아니다."라고 이해하고 아는 것으로는 미치지 못한다. 안다는 것은 지식, 관념, 이름을 아는 것이므로, 이름을 짓자마자 실재는 실체가 없는 이름뿐인 둘로, 만물로 나누어지기 때문이다. 아는 것은 실재에 대한 깨달음이 아니라, 개념을 아는 것에 불과하다. 그러므로 불교를 두고 깨달음의 가르침이라고 하는 것이다.

있는 그대로의 실재는 수행을 통하여 이루어지는 것이 아니다. 어찌 진리가 수행을 통하여 이루어지는 것이겠는가? 진리는 지금 당장 확인되는 것이지, 이루어지고 만들어지는 것이 아니다.

육조 혜능의 위대성은 "선정(禪定)이라는 수행을 통하여 해탈을 이룬다는 가르침은 이법(二法)으로, 석가의 가르침인 불이법(不二法)이 아니다."라고 한 것이다. 혜능은 "선정을 통하여 해탈을 이룬다."라며 수행을 강조하는 성문(聲聞), 연각(緣覺)의 가르침 즉 소승의 가르침을 거부하였다.

소승의 가르침에 대한 반성은 많은 대승 경전의 출현을 낳았다. 그러나 이 또한 그 자체에 한계를 내재하고 있었다. 있는 그대로의 실재는 개념화하자마자 둘로, 만물로 나누어지기 때문이다. 경전에 대한 이해는 실재를 증득한 것이 아니라, 실재에 대한 관념 지식만 늘어날 뿐이기 때문이다. 결국 아무리 경전에 대한 이해가 깊어져도 둘이 아닌 실재에 대한 이해만 깊어질 뿐, 깨달아 증득(證得)한 것은 아니다.

경전 중심 공부에 대한 한계와 반성은 조사선의 탄생을 가져왔다. 조사선은 있는 그대로의 실재를 언어에 담으려는 것을 포기하고, 바로 보여 주는 것으로 가르침을 삼는다.

조사선에서는 수행을 말하지 않고 언하대오(言下大悟)를 강조한다. 즉 "말끝에 문득 깨닫는다."는 것이다. 여기서는 깨닫고자 하는 간절함만이 요구된다. 그 간절함이 법회에 나가게 하고 법문에 귀를 기울이게 한다. 그런 가운데 시절 인연이 무르익으면, 문득 있는 그대로의 실재에 계합(契合)하는 깨달음을 얻는다.

제자들이 스승에게 "진정한 나는 누구인가?"라고 묻는다. 이에 대해 선사들은 "할(喝)"과 "방(棒)"을 쓰고, 주장자를 높이 들어 보이고, 때로는 "뜰.. 앞.. 의.. 잣..나..무.."라고 답한다. "할"과 "방", "높이 들어 올린 주장자", "뜰.. 앞.. 의.. 잣..나..무.."라는 방편으로 법을 모두 보여 주었다. 분별이 끼어들 틈을 주지 아니한다. 뜻과 모양을 따르지 않으면, 모두 분별 이전의 있는 그대로이다.

우리는 만물이 각기 그 고유의 자성을 갖고 있는 실재라고 믿고 살았다. 그와 반대로 진리는 단지 고매하고 추상적인 관념체일 것이라고 믿어 왔다.

그런데 부처는 금강경에서 "시공간을 비롯한 일체 만물은 허망한 이름일 뿐이다. 이렇게만 볼 수 있다면 진실을 깨달을 수 있다. 허망한 이름을 따라 여기에 머물지 말고 그 마음을 내라(凡所有相 皆是虛妄 若見諸相非相 卽見如來 應無所住 而生其心)."고 가르쳤다. 선사들은 "만물은 그 고유한 자성이 없고 허망한 이름일 뿐이다(萬法無自性)."고 한다.

우리들이 믿어 온 것과 정반대이다. 만물이 실재이고 진리는 어떤 고매한 관념체인 줄 알았는데, 반대로 만물은 실체가 없는 이름일 뿐이고 지금 여기 깨달음(覺)만이 실재인 진리라는 것이다.

시공간을 비롯한 만물의 유무·미추·우열·장단·귀천·선악·생사·시비 등등의 성품은 누구의 일인가? 만물이 갖고 있는 모든 성품은 만물의 일이 아니라, 지금 여기 일이 아닌가? 동서남북, 상하좌우, 내외, 과거 현재 미래가 지금 여기 일이지, 그들의 일이겠는가? 장미의 아름다움이 지금 여기 일이지, 장미의 일이겠는가? 시공간을 비롯한 만물의 성품이 모두 이와 같다.

그렇다! 그야말로 삼라만상은 허망하여 모두 실체가 없는 이름일 뿐이다. 이에 선가에서는 "만법은 하나로 돌아가는데 그 하나는 어디로 돌아가는가(萬法歸一 一歸何處)?"라고 묻는다. 모양을 갖는 만물은 실체가 없는 이름일 뿐이어서, 결국 둘이 아닌 하나로 돌아간다. 그 둘이 아닌 하나는 무엇인가? 자! 만물이 이름일 뿐이어서 한 물건도 따로 없다면(本來無一物), 지금 보고 말하는 이 생명 활동은 또 무엇인가?

"한나라 개는 흙덩이를 쫓아가나 사자는 사람을 문다(韓獹逐塊 獅子咬人)."고 한다. 중생은 모양과 이름을 따라 그곳에 머물지만, 깨달은 사람은 허망한 이름과 모양에 머물지 않고 지금 여기를 등지지 않는다는 것이다. 모든 일이 지금 여기 현존일념(現存一念)이요, 현존일각(現存一覺)인 깨달음뿐이다.

그렇다면 깨달음은 또 무엇인가? 백 척 높이 장대 위에서 한 발 내딛는 소식을 묻고 있다(百尺竿頭 進一步). 깨달음을 설명할 방법은 없다. 깨달음을 설명하면, 결국 깨달음을 개념화하기 때문이다.

그러나 30방을 맞을 각오로 구정물을 마다하지 않고 말한다면, 깨달음이란 "진정 모름에 막혀 있다가 문득 깨달아 질문이 사라짐이요, 알 수 있는 대상이 아닌 나 자신으로 다가옴이다(但知不會 是卽見性)."라고 하겠다.

우리는 실재인 진리를 아는 것이 아니라, 단지 그에 대한 이름, 개념, 관념을 알 뿐이다. 시절 인연이 무르익는다는 것은 무엇일까? 시절 인연이 무르익는다 함은 간절한 마음으로 법문에 귀를 기울이다 보면, 만물이 실재한다는 몽상이 뒤집혀서 바로잡히는 날이 온다(顚倒夢想)는 것이다.

간화선(看話禪)은 중국 송나라 때 대혜 종고(1088-1163) 선사가 창안한 공부법이다. 스승으로부터 받은 화두를 의심하고 참구하여, 더 이상 머리로는 헤아릴 수 없는 은산철벽(銀山鐵壁)을 만나 모름에 사무쳐 있다가, 문득 깨달음에 이르게 하는 공부이다.

간화선은 대혜 선사가 속가 제자들을 가르치기 위하여 고안해 낸 것으로 조계종의 주된 공부법이다. 그런데 당시 대혜 종고 선사의 회상에서는 법문이 끊이지 않았다. 즉 대혜 선사의 법문을 듣고 언하대오(言下大悟)한 제자들이 주류를 이루었다고 한다.

여기 우리 공부법은 조사선의 본류인 법문을 통한 언하대오(言下大悟)의 길임을 밝힌다.

2. 불교는 윤회(輪廻)를 밝히고자 함이 아니다

윤회를 논하는 것은 불법의 핵심 가르침이 아니다. 일반적으로 윤회하면 육도윤회(六道輪廻)를 말한다. 즉 선악의 인과 법칙에 따라 지옥(地獄), 아귀(餓鬼), 축생(畜生), 아수라(阿修羅), 인간(人間), 천상(天上)의 여섯 세계를 돌고 돌며 태어나고 죽는다는 생각이다. 이는 분명 이법(二法)의 가르침으로, 석가의 가르침인 불이법(不二法)은 아니다.

지금 여기는 여여한 깨달음만이 실재하고, 그 외 한 물건도 따로 없다. 깨달음이란 말도 부득이하게 쓰는 방편의 말이다. 지옥·아귀·축생·아수라·인간·천상은 그 이름이 지옥·아귀·축생·아수라·인간·천상으로 실체가 없는 이름일 뿐이다. 육도윤회의 가르침은 선악을 둘로 보고 선악의 과보에 따라 이 세상에서 저 세상으로 윤회한다는 것으로, 분명 외도(外道)인 이법(二法)의 가르침이다. 여기에는 좋아하고 싫어함이 있어 취사가 있다.

삼조 승찬은 신심명에서 "지극한 도는 어렵지 않으니 다만 비교 간택을 꺼릴 뿐이다. 단지 좋아하고 싫어함만 없으면 도는 확연히 명백하다

(至道無難 唯嫌揀擇 但莫憎愛 洞然明白)."고 하였다.

지옥·아귀·축생·아수라·인간·천상은 이름일 뿐인, 실체가 없는 세상이다. 우리가 만약 이 세상을 좋아하고 저 세상을 싫어한다면, 이는 곧 세상의 실체를 인정한 것이 되어 비교 분별에 떨어져 갈등이 당연시 되는 고해인 사바세계(娑婆世界)를 열게 된다. 그런데 어찌 이법(二法) 인 육도윤회에 마음을 둘 것인가?

모든 일이 지금 여기 깨달음뿐이니 다만 깨달음을 증득하는 것이 급선 무이다. 다음 생이 궁금하다면 숙명통(宿命通)을 가졌다는 외도에게 가서 물어보라. 그 순간 당신은 이미 분별에 떨어지니 어찌 애석하다 하지 않겠는가? 석가의 가르침은 오직 불이법인 중도(中道)일 뿐이다.

백장야호(百丈野狐)에서 어느 스님이 "깨달은 사람도 인과에 떨어지 느냐는 질문에, 인과에 떨어지지 않는다(不落因果)고 말하여 여우 몸을 받았다. 그럼 어떻게 답을 했다면, 여우 몸을 받지 않았겠느냐?"라고 질 문하자, 백장은 "인과에 어둡지 않다(不昧因果)."라고 답한 공안이 있다.

그렇다면 불락인과(不落因果)는 틀린 답이고 불매인과(不昧因果)는 맞는 답인가? 만약 우리가 그렇다고 생각한다면, 당신은 맞고 틀린 것이 따로 있다는 이법(二法)에 떨어진 것이다. 말뜻을 따르면 불락인과와 불 매인과는 다른 것이다.

그러나 "인..과..에.. 떨..어..지..지.. 않..는..다.."가 지금 여기 일인 깨달음(覺)이요, "인..과..에.. 어..둡..지.. 않..는..다.."가 지금 여기 일인 깨달음이 아닌가? 모두 한결같은데, 어찌 틀리고 맞는 것이 있겠는가?

이 공안은 지금 여기를 증득(證得)하여 분별로부터 놓여났는가를 묻는 것일 뿐, 인과에 따른 윤회의 세상을 긍정하는 질문이 아니다. 그러므로 질문 자체가 이미 어긋난 것이다.

부처는 금강경에서 "마땅히 머무는 바 없이 그 마음을 내라(應無所住而生其心)."고 가르치지 않았는가? 그런데 어찌 육도윤회에 마음을 둘 것인가? 육도윤회에 무심한 것이 부처의 삶이니, 어찌 천상의 복을 여기에 비할 것인가?

3. 우리가 매 순간 경험하는 것은?

우리가 매 순간 경험하는 것은 대상이 아닌 '나' 자신이다. 순간순간 그 나를 일차로 경험할 뿐이다. 여기서 말하는 나는, 거리가 없어 틈도 없는 '나' 자신이다.

틈이 있어 저기 존재한다는 대상이, 어찌 일차적으로 경험된다 할 수 있겠는가? 그런데 우리는 저기 있는 대상을 이차적으로나마 경험하기는 할까? 순간순간이 지금 여기 일차적인 일일 뿐인데, 지금 여기에서 어찌 저기 있는 대상을 경험할 수 있겠는가? 언제나 순간순간 일차적으로 '나'를 경험할 뿐이다. 그렇다면 틈도 없는 '나'뿐이니, 그 '나' 외에 다른 물건이 있다고 보는 것은 망상이다.

여기서 '나'는 분별로 나누어지기 전의 나로, 언제나 주객합일(主客合一)의 통째이다. 그래서 석가는 "천상천하에 오직 이것 즉 분별 이전의 '나'만이 존귀하다(天上天下 唯我獨尊)."고 했다.

언제나 순간순간 지금 여기 일일 뿐이다. 그런데 분별이 들어서면서,

둘로 만물로 나누어진다. 저기 일로 보이는 시공간과 그 안의 만물은, 결국 분별이 그려 낸 실체가 없는 이미지요, 이름일 뿐이다.

즉 우리가 언제나 경험하는 것은 지금 여기 일인 주객합일의 통째이지, 분별로 인하여 둘로 만물로 나누어진 시공간이나 그 안의 만물이 아니다. 우리는 언제나 분별 이전인 지금 여기를 순간순간 살 뿐이다.

이와 같이 시공간은 이미지요, 실재하는 것이 아니므로, 우리가 시공간을 산다는 것은 망상이며, 그것을 경험한다는 것도 있을 수 없는 일이다. 우리는 분별이 만들어 놓은 시공간 속에서 살면서, 이를 경험한다고 착각한다.

요컨대 시공간과 그 안의 만물을 경험한다는 것은 있을 수 없는 일이다. 결국 이차적 경험은 있을 수 없고 일차적 경험이라는 것도 부득이하게 설명을 위해 방편으로 쓰는 말이다. 언제나 이차적이라는 것이 있을 수 없는 일차적인 경험뿐이므로, 일차적이라는 말조차 필요 없다.

부처는 "머무는 바 없이 그 마음을 내라(應無所住 而生其心)."고 하였고, 선가에서는 "한나라 개는 흙덩이를 쫓고 사자는 사람을 문다(韓獹逐塊 獅子咬人)."고 하였다.

이것은 우리가 언제나 지금 여기 일인 주객합일의 통째를 살 뿐이지, 저기 일로 여겨지는 시공간과 그 안의 만물을 경험하며 사는 것은 아니니 착각하지 말라는 뜻이다. 우리는 대상인 시공간과 만물을 실재한다고 믿고 이를 경험한다고 생각하나 이는 망상이다. 우리의 일상은 언제나 지금 여기 일인 주객합일의 나를 경험할 뿐이다. 우리의 일상 중 지금 여기 일이 아닌 것이 어디 있겠는가?

선가에서는 소염시(小艶詩) 중 "양귀비가 소옥을 자주 부르나 소옥에게 뜻이 있는 것이 아니라, 애인 안녹산이 그 소리를 알아듣기를 바란다(頻呼小玉 本無事 只要檀郎認得聲)."는 구절을 자주 인용한다.

어느 스님이 조주에게 "부처란 무엇입니까?"라고 묻자, 조주는 "뜰..앞..의.. 잣..나..무.."라고 하였다.

조주는 스님에게, 저기 뜰 앞에 서 있는 잣나무를 가리키는 것이 아니라, 지금 여기 생명이 드러나고 있는 "뜰..앞..의.. 잣..나..무.."를 경험하라는 것이다.

4. 세계가 무한이라 하나

삼세 시방 세계 무한하다 하나(三世 十方 世界 無限)
보고 듣는 지금 여기 눈(眼)과 각(覺)을 벗어나지 않네.

누가 "눈(眼)과 각(覺)이 무엇인가?"라고 물으면
알지는 못하지만

"하..늘..은.. 맑..고..."
"물..소...리..는.. 졸..졸...졸.." 하리라.

5. 당신은 누구인가?

당신은 누구인가? 이 질문을 받고 사람들은 "나는 사람이다. 나는 남자다. 나는 여자다. 나는 홍길동이다. 나는 ○○학교 졸업생이다. 나는 누구의 남편이다. 나는 누구의 아버지이다. 나는 누구의 친구다. 나는 성직자이다. 나는 학교 선생이다. 나는 착한 사람이다. 나는 나쁜 사람이다. 나는 예쁜 사람이다. 나는 미운 사람이다."라고 한다.

그러나 이들은 모두 한결같이 이름이요, 개념일 뿐이다. "당신은 누구인가?"라는 질문을 받고서, 우리는 위와 같은 이름을 대면서 그것이 나라고 고집한다. 이들의 집합이 나라고 한다면, 그것이 아무리 많이 모인다 해도 그것은 결국 이름이고 개념 덩어리일 뿐이어서, 거기에는 생명이 없다. 그러나 우리들은 그 이름에 해당하는 것이 우리의 몸과 마음이라고 믿고, 그 몸과 마음이 나라고 확신한다.

그렇다면 몸과 마음이 과연 나인가? "나는 몸이다. 나는 마음이다. 나는 몸과 마음이다."라고 말한들 무엇이 다른가? 이 역시 이름이요, 개념일 뿐이다. 결국 이름 덩어리를 나로 삼고 그것이 따로 실재한다고 믿고는, 그것이 보고 듣고 말하고 걷고 앉고 눕는다고 믿는다.

즉 이름일 뿐인 실체가 없는 몸과 마음이 실재한다고 믿고는, 그 몸과 마음이 견문각지(見聞覺知) 어묵동정(語默動靜) 행주좌와(行住坐臥)의 일을 한다고 믿는다. 이것은 이름일 뿐이요, 실체가 없어 실재하지 않는 것을, 실재한다고 믿는 데서 오는 망상(妄想)이다. 결국 이름으로 만들어진 모든 것은 실재하지 않는 그야말로 이미지일 뿐이다.

그래서 부처는 금강경에서 "일체 만물은 꿈같고 환상 같고 거품 같고 그림자 같고 이슬 같고 번갯불 같으니 마땅히 이와 같이 볼 것이다(一切 有爲法 如夢幻泡影 如露亦如電 應作如是觀)."라고 말하면서 "나는 실재 하지 않는다(無我)."고 하였다.

그렇다면 견문각지 어묵동정 행주좌와는 누구의 일인가? 이것은 실체 가 없는 우리의 몸과 마음의 일이 아니다. 만물은 개념일 뿐으로, 거기에 는 생명은 없다.

견문각지 어묵동정 행주좌와는 만물이 아닌, 살아 있는 생명이 드러남 이다. 보는 일이 지금 여기 일이요, 듣는 일이 지금 여기 일이요, 말하는 일이 지금 여기 일이다. 견문각지 어묵동정 행주좌와가 모두 지금 여기 일이다. 모두 생명인 지금 여기 일일 뿐이다.

"나..는.. 사..람.. 이..다.."가 지금 여기 일이요,

"나..는.. 남..자..다.."가 지금 여기 일이요,

"나..는.. 여..자..다.."가 지금 여기 일이요,

"나..는.. 홍..길..동..이..다.."가 지금 여기 일이요,

"나..는.. ○○..학..교.. 졸..업..생..이..다.."가 지금 여기 일이요,

"나..는.. 누..구..의.. 남..편..이..다.."가 지금 여기 일이요,

"나..는.. 누..구..의.. 아..버..지..이..다.."가 지금 여기 일이요,

"나..는.. 성..직..자..이..다.."가 지금 여기 일이요,

"나..는.. 학..교.. 선..생..이..다.."가 지금 여기 일이요,

"나..는.. 착..한.. 사..람..이..다.."가 지금 여기 일이요,

"나..는.. 나..쁜.. 사..람..이..다.."가 지금 여기 일이요,

"나..는.. 예..쁜.. 사..람..이..다.."가 지금 여기 일이요,

"나..는.. 미..운.. 사..람..이..다.."가 지금 여기 일이다.

"당신은 누구인가?"는 질문에 어떤 답을 내놓더라도, 말을 따라가 그 말이 가리키는 물건을 두고 나로 삼는다면, 이는 실체가 없는 이름뿐인 것을 나로 아는 것으로 망상이다. 그러나 그것이 실체가 없는 이름뿐임을 알고 이제 그 이름에 머물지 않는다면, 모두 지금 여기 일로 생명이 드러남이다. 이것이 나의 본래면목(本來面目)이요, 부모미생전(父母未生前)의 자리이다.

어느 누구도 지금 여기를 떠나, 따로 존재하는 것이 아니다. 나도 지금 여기 일이요, 너도 지금 여기 일이요, 모든 만물이 모두 지금 여기 일이다. 누구도 지금 여기 일이라면, 지금 여기는 둘인가? 하나인가?

"둘..이..다.."가 지금 여기 일이요,

"하..나..다.."가 지금 여기 일이다.

"뜰..앞..의.. 잣..나..무.."가 지금 여기 일이요,

"마..삼..근.."이 지금 여기 일이다.

"동..산..이.. 물..위..로.. 간..다.."가 지금 여기 일이요,

"똥..닦..는.. 막..대..기.."가 지금 여기 일이다.

어디 그뿐이겠는가? 말에만 머물지 않는다면, 일체의 말이 지금 여기 일이 아닌 것이 어디 있겠는가? 말에 머무는 것을 두고 망상이라고 하지만, 이 또한 지금 여기 일이다. 다만 그가 말을 따라가 말에 머무는 우를 범하는 것뿐이다.

6. 나를 찾아 떠나 보자

보이는 것은 내가 아니다.
몸도, 생각도, 감정도 보이는 것이므로 내가 아니다.
보는 놈을 떠나 보이는 것이 따로 있을 수 없다.

보는 놈이 나다.
그러나 보는 놈을 볼 수가 없다. 확연할 뿐이다.
즉 보이는 것을 떠나, 보는 놈이 따로 있을 수 없다.

보는 놈과 보이는 것은, 동전의 앞면 뒷면과 같이 둘이 아니다. 이름을 따르면, 보는 놈과 보이는 것은 둘이다. 이름을 따르지 않으면, 보는 놈이라 해도 둘이 아닌 한 자리이고, 보이는 것이라 해도 둘이 아닌 한 자리이다.

그 둘이 아닌 하나를 제시해 봐라.

"뜰..앞..의.. 잣..나..무.."

"마..삼..근.."

"똥..막..대..기.."

"오..늘.. 날..씨..가.. 덥..구..나.."

"하..늘..이.. 푸..르..구..나.."

"7..×8..=56.."

"7..×8..=65.."

"밥.. 먹..었..니..?"

"안..녕..히.. 주..무..십..시..오.."

"편..히.. 주..무..셨..습..니..까..?"

우리의 일상 하나하나가 모두 있는 그대로의 불이(不二)가 아닌 것이
있을 수 있겠는가?

그러나 말과 모양을 따르면, 그 불이는 주객(主客)으로 나뉘고
만물은 또 각각으로 나뉘게 된다.

그러나 이는 각기 이름일 뿐, 실재하는 것이 아니다. 이름뿐인 것을 실
재한다고 착각하니, 망상(妄想)이 아니고 무엇이겠는가?

7. 부정(否定)의 방편(方便)

진리라는 것이 나를 떠난 객관적인 어떤 것이라면, 진리에 대해 궁금한 사람은 그 객관적인 대상을 알고자 할 것이다. 안다는 것은 그 대상을 이해하는 것으로, 그 대상에 대한 지식을 아는 것이다. 지식은 언제나 반론이 가능하고 제아무리 완벽한 지식이라도 결국 최신 학설에 의해 무너진다. 무너지는 숙명을 가진 대상에 대한 지식이 과연 진리일 수가 있을까? 먼지 하나에 대해서도 처음에는 분자의 모임이라고 하다가, 과학의 발달로 원자의 모임이라고 하다가, 다시 핵과 전자의 모임이라고 하지 않는가?

진리라는 것은 알 수 있는 대상이 아니다. 우리는 내가 아닌 대상일 때만, 그것을 알 수 있다. 대상이 아닌 나를, 어떻게 알 수 있단 말인가? 나를 안다고 한다면, 그 나는 이미 내가 아닌 대상으로서의 나일 뿐이다. 대상으로서의 내가 아닌 나는, 알 수 없는 것이다. 그것은 마치 손이 모든 물건을 잡을 수 있지만, 손 자체는 잡을 수 없는 것과 같다.

석가는 대상으로서의 내가 아닌 나를 두고 "천상천하 유아독존이다

(天上天下 唯我獨尊). 실재하는 것은 나(眞理)뿐이다."라고 하였다. 진리가 나일 때, 우리는 그 나를 아는 것을 포기할 수밖에 없다. 앎을 포기할 때, 진리는 스스로 확연해진다. 비로소 우리는 소지장(所知障)으로부터 자유로울 수 있게 된다.

석가는 우리를 아는 것으로부터 자유롭게 하신 분이다. 그래서 중론(中論)을 쓴 나가르주나(龍樹)는 서문에서 "모든 희론(戱論)을 적멸케 하신 부처님께 엎드려 경배를 올립니다."라고 하였다.

내가 나를 찾는다는 것은 말이 안 되지만, 우선 나를 찾아 길을 떠나보자. 나는 누구인가? 동서고금의 모든 현인들이 풀고자 한 문제이다. 그들은 나를 찾는 것을, 진리를 찾는 것으로 알았다. 밖으로 찾을 일이 아닌 것을 안 것이다.

내가 아닌 것을 차례차례 부정해 보자. 우선 하늘, 땅, 바다는 내가 아니다. 그들은 알 수 있는 객관적인 것이기 때문이다. 몸, 생각, 느낌, 감정, 의지, 마음도 내가 아니다. 그들도 알 수 있는 객관적인 것이기 때문이다. 이들은 나와 틈이 있다. 그래서 볼 수 있고 알 수 있는 것이다. 요컨대 색성향미촉법(色聲香味觸法)의 모든 세계가, 수상행식(受想行識)의 모든 세계가 내가 아니다. 그렇다면 이 세상 모든 것 중에서, 나인 것은 없다.

모두 부정하다 보면 "아..니..다.."만 남게 된다. "아..니..다.."를 부정할 수 있을까? 절대로 부정할 수가 없다. 여기서 뜻을 따르지 말고 조용히 "아..니..다.."라고 말해 보자. 그 "아..니..다.."가 나이다.

내가 아니라고 부정한 모든 사물들에 대하여 살펴보자. 부처는 금강경에서 "모든 사물은 연기하는 것으로 이름일 뿐, 그 이름에 해당하는 사물이 따로 존재하지 않는다."고 하였다. 동서남북·상하좌우·유무·미추·대소·안팎·과거·현재·미래는 모두 연기하는 것으로, 그 이름에 해당하는 물건이 따로 있는 것이 아니라 이름일 뿐이다.

부처는 금강경에서 "무릇 상(相)이 있는 것은 모두 허망하니 만약 모든 모양 있는 것이 허망하여 이름뿐임을 안다면 바로 여래를 보는 것이다(凡所有相 皆是虛妄 若見諸相非相 卽見如來)."라고 하였다.

결국 "아..니..다.." 뿐이다. 다시 말하면 "허..망..하..다.." 뿐이다. 그 "아..니..다.."가 나이다. 그 "허..망..하..다.."가 나이다. 말을 따르지 않는다면 "아..니..다..", "허..망..하..다.."를 "시..계..", "젓..가..락..", "커..피..잔.."이라 한들 어디에 허물이 있겠는가?

"아..니..다.."라고 조용히 말해 보자. "허..망..하..다.."라고 조용히 말해 보자. "아..니..다..", "허..망..하..다.."가 세상에 머물 곳이 없다. 발을 디딜 곳이 없다.

모두 부정한 후에 어디에 머물며, 어디에 발 디딜 수 있단 말인가? 천지가 빛을 잃고, 통 밑이 쑥 빠지는 소식이 아니겠는가?

"아..니..다.."가 진정한 나임이 확연할 때, 이를 계합(契合)이라 한다. 통 밑이 빠지고 천지가 빛을 잃는 소식이라 한다.

아미타 부처를 무량광(無量光), 무량수(無量壽)라고 한다. 아미타 부처가 곧 나이다. 그래서 "나는 진리요, 빛이요, 생명이다."라고 하는 것이다.

8. 감추어진 것 없이 모두 드러나 있다

우리는 태어나서부터 배우기 시작하였고 그 배움은 늙어 죽을 때까지 끝나지 않는다고 생각한다. 그래서 진리를 구하는 길은 어렵고 어려운 길이므로, 스승은 한꺼번에 모든 것을 가르쳐 줄 수 없어 항상 아직 가르쳐 주지 않은 부분이 있다고 생각한다. 제자의 수용 능력을 고려하여, 모든 것을 보여 주지 않고 감추어 둔 것이 있다고 생각한다. 그러나 이는 학문의 길과 진리를 증득하는 일을 혼동한 데서 온 잘못된 견해이다.

학문의 길은 끝이 없다. 알다시피 학문은 대상을 알아가는 길이기 때문이다. 비록 나를 알려는 일이라 해도, 나를 대상으로 한다면 마찬가지다. 알아가는 길은 지식을 축적하는 길이요, 진실을 개념화하는 작업이므로, 영원히 진실에 도달할 수가 없다. 아는 것으로는, 지식으로는 그것을 아무리 쌓는다고 하더라도, 있는 그대로인 진실을 대신할 수 없다. 그래서 학문은 영원히 깨지면서 축적되어 가기 마련이다.

있는 그대로인 진리를 증득하는 길은, 학문의 길과 다르다. 지식으로 알아가는 길이 아니다. 그래서 불가에서는 "알려고 하면 어긋난다."고 한다. 선가의 일주문에는 "이 문에 들어오려면 알음알이를 내지 말라(入 此門來 莫存知解)."고 쓰여 있다. 알려고 하는 데 너무나 길들어져 있어서, 있는 그대로를 수용하지 못하고 순간적으로 알아 버리는 것이 문제다. 있는 그대로를 지식화해 버린다. 분별해 버린다. 그리고는 알았다고 한다. 배우고 익히는 학문의 길과 혼동하고 있다.

중국의 시인 황산곡(1045-1105)이 회당(晦堂) 선사에게 "진실은 감추어진 것 없이 모두 드러나 있다."는 말에 대해 물었다. 회당 선사는 말없이 황산곡을 산길로 안내하였다. 마침 계수나무의 꽃향기가 코를 찔렀다.

회당 선사 : "어떻습니까? 이 꽃향기 좋지 않습니까?"
황산곡 : "네. 아주 좋습니다."
회당 선사 : "자 보시지요. 아무것도 감춘 것이 없지 않습니까?"

선가에서는 소염시(小艷詩) 중에서 "양귀비가 소옥을 자주 부르나 소옥에게 뜻이 있는 것이 아니라, 애인 안녹산이 그 소리를 알아듣기를 바란다(頻呼小玉 本無事 只要檀郎認得聲)."는 구절을 자주 인용한다.

미풍에 실려 오는 계수나무 꽃향기 하나하나에서 부처가 드러나고 있다. "어..떻..습..니..까..?", "이.. 꽃..향..기.. 좋..지 않..습..니..까..?", "네.. 아..주.. 좋..습..니..다.."라는 한 마디 한 마디 말에서 부처가 드러나고 있다.

우리의 일상이 있는 그대로이나, 이를 알려고 함이 문제다. 알려고 할 때, 개념화되고 지식화되어 주객으로 나누어진다.

소 자취를 발견하다
(見跡)

이 세상 안팎 모두 찾아보았으나
끝내 찾지 못하였네.

그렇다면 이 찾는 놈은
또 무슨 물건인가?

9. 만물이 지금 여기 일이다

부모에게서 태어나기 전(父母未生前)의 자리, 이름으로 나누어지기 전의 자리는 과거 현재 미래가 없으니 모양을 그릴 수 없다. 또한 여기저기가 없으니, 머물 곳이 없다. 분별 이전이니 알래야 알 수가 없다. 그야말로 혜능이 말하는 무상(無相), 무주(無住), 무념(無念)의 실재이다.

만법은 둘이 아닌 무상(無相), 무주(無住), 무념(無念)의 실재에 의지한다. 그래서 만물의 존재가 모두 지금 여기 일이라 한다.

지금 여기 일이라 하나, 이 또한 부득이한 방편의 이름일 뿐이다. 지금 여기란 오늘 여기와 어제 저기가 둘이 아니라, 하나인 실재를 가리킨다.

만물의 존재는 모두 둘이 아닌 지금 여기로 귀일한다(萬法歸一). 동서남북 상하좌우 내외의 존재가 지금 여기 일이니, 한국의 존재도 미국의 존재도 모두 지금 여기 일이다. 과거 현재 미래, 모든 시간의 존재가 지금 여기 일이다. 신라 때 일도, 천 년 후의 일도 지금 여기 일이다. 부모, 자식, 부부가 모두 지금 여기 일이다. 너도 지금 여기 일이요, 나도 지금 여기 일이다. 엄마도 지금 여기 일이요, 자식도 지금 여기 일이다. 만물이 각기 지금 여기 일일 뿐, 둘이 아니다.

구지 선사가 손가락을 들어 보임도 지금 여기 일이다. 조주 선사의 "차..나.. 한..잔.. 마..시..게.."가 지금 여기 일이다. 운문 선사의 "똥.. 닦..는.. 막..대..기..다.."가 지금 여기 일이다. 수학 선생님의 "7..×8..= 56.."이 지금 여기 일이다.

견문각지 어묵동정 행주좌와가 모두 지금 여기 일이다. 거기에는 시간도 없고, 공간도 없고, 주객도 없다. 이름을 지을 수 없어, 있다 할 수도 없고 없다 할 수도 없다.

지금 여기 일일 뿐, 따로 한 물건도 없으니, 마음이 머물 곳 없다. 머물 곳이 없어 모든 일에 무심하니, 내가 없음이다. 내가 없으니, 어떤 관념도 사상도 나를 지배할 수 없다. 그는 관념의 주인으로, 이제 모든 관념이나 사상을 쓸 수 있다.

임제 선사의 "머무는 곳마다 주인이요, 서 있는 곳마다 진실하다(隨處作主 立處皆眞)."는 삶이다.

10. 깨달음(覺)뿐이다

　선사들은 "만법이 하나로 돌아가니, 그 하나는 무엇이냐?"고 묻는다. 그 하나가 바로 깨달음(覺)이요, 있는 그대로요, 진리(法)이다. 깨달음은 시공간 어디에서도 찾을 수 없고, 모양도 없으며, 알 수도 없다.

　분별 망상인 걱정·근심·두려움·자만·기쁨·슬픔·행복·불행·우월감·열등감·성냄·욕심은 모두, 머무름 없이 깨닫는 순간 사라진다. 이를 두고 각지즉무(覺之卽無)라고 한다. 이들은 모두 이름일 뿐이고 실체가 없기 때문이다. 이 모두가 깨달음일 뿐, 한 물건도 따로 없어 머물 곳이 없다. 그래서 부처는 금강경에서 "마땅히 머무는 바 없이 그 마음을 내라."고 하였다. 각지즉무(覺之卽無)가 곧 해탈(解脫)이요, 열반적정(涅槃寂靜)이다.

　조주의 "뜰.. 앞.. 의.. 잣..나..무.."가 깨달음이다. 운문의 "똥.. 닦..는.. 막..대..기.."가 깨달음이다. "하..늘..이.. 맑..다.."가 깨달음이다. "7..× 8..= 46.."이 깨달음이다.

　주장자나 손가락을 들어 보이는 것과 "할"과 "방"이 모두, 분별 이전의 깨달음이다. 우리가 견문각지 어묵동정 행주좌와 하는 모든 일상이, 분별 이전의 깨달음이다. 모두 깨달음일 뿐, 한 물건도 따로 없다.

부처는 금강경에서 "일체 만물은 모두 실체가 없는 이름(모양)일 뿐이니, 만약 이렇게만 볼 수 있다면 바로 여래를 볼 수 있다. 일체 만물이 모두 허망하여 꿈같고 환상 같고 그림자 같고 이슬 같고 번갯불 같다. 마땅히 이와 같이 볼 것이다."고 하였다.

부처는 반야심경에서 "색(色)과 공(空)이 둘이 아니니, 색이 공이요, 공이 색이다(色卽是空 空卽是色). 느낌(受) 생각(想) 의지(行) 의식(識) 역시 공과 둘이 아니니, 느낌 생각 의지 의식이 공이고 공이 느낌 생각 의지 의식이다(受想行識 亦復如是)."고 하였다. 즉 색·수·상·행·식이 공과 둘이 아니니, 색·수·상·행·식이 공이요, 공이 색·수·상·행·식이다.

분별 이전인 색깔 아닌 색깔이 깨달음(覺)이요, 소리 아닌 소리가 깨달음이요, 향기 아닌 향기가 깨달음이요, 맛 아닌 맛이 깨달음이요, 촉감 아닌 촉감이 깨달음이다. 느낌 아닌 느낌이 깨달음이요, 생각 아닌 생각이 깨달음이요, 의지 아닌 의지가 깨달음이요, 의식 아닌 의식이 깨달음이다.

온통 분별 이전의 깨달음(覺)뿐이다. 깨달음일 뿐, 한 물건도 따로 없다. 여여하여 일체 비교에서 벗어났으니, 여기가 바로 우리가 마지막으로 쉴 곳이다(安心立命處).

11. 어인 일인가요?

정녕 나도 없고 너도 없어
한 물건도 없다면

보고 듣는 일은
어인 일인가요?

생각하고 아는 일은
어인 일인가요?

아침 해의 찬란함과 끝없는 파도는
어인 일인가요?

길가 제비꽃과 한여름 불어오는 산들 바람은
또 어인 일인가요?

12. 모든 일이 주객불이(主客不二)의 지금 여기 일일 뿐이다

주(主)와 객(客)은 둘로 나눌 수 없다. 주객은 둘이 아니어서, 영원히 지금 여기 일일 뿐이다. 따라서 분별이 나누어 놓은 세상은, 하나같이 이름일 뿐 실체가 없다. 우리는 듣는 주체가 있어 객체인 소리를 듣는다고 생각한다. 듣는 자와 들리는 소리를 나누고는, 이것들이 실제로 따로따로 존재하는 것으로 본다. 그러나 이는 망상이다.

듣는 자를 빼놓고 어떻게 소리가 따로 있을 수 있을까? 소리를 빼놓고 어떻게 듣는 자가 따로 있을 수 있을까? 이는 불가능한 것이다. (이때 죽비를 탁탁 치며) 이것뿐이다. 이와 마찬가지로 보고 냄새 맡고 맛보고 느끼고 생각하는 일체에서, 주체와 객체를 나눌 수 없다. 주체와 객체를 나눌 수 없음이 분명하다면(理事無碍), 객체들을 따로따로 나누어 보는 것 역시 망상이다. 사물마다 주객이 둘이 아니어서, 물물(物物)이 둘이 아니다(事事無碍).

모든 일은 둘이 아닌, 지금 여기 일일 뿐이다. 지금 여기를 벗어난 것은 분별이 만들어 낸 것으로, 실재하지 않는 이름일 뿐이다. 과거 현재

미래를 말해도 지금 여기 일일 뿐이다. 지금 여기가 아닌 과거 현재 미래
는 모두 이름일 뿐, 그러한 것이 따로 존재하는 것이 아니다.

마찬가지로 동서남북, 상하좌우, 안과 밖이 모두 여기 일이다. 아무리
먼 곳을 말해도 지금 여기 일이고, 우주 밖을 말해도 지금 여기 일이고,
선악 미추를 말해도 모두 지금 여기 일일 뿐이다. 지금 여기가 아닌 동서
남북, 상하좌우, 내외, 선악, 미추가 따로 있다고 한다면 이는 망상으로,
이들은 모두 이름일 뿐 실재하는 것이 아니다.

그렇다면 주객 불이의 지금 여기는 무엇인가? 이것이 그 유명한 "만법
이 하나로 돌아가니 그 하나는 어디로 돌아가는가(萬法歸一 一歸何處)?"
라는 질문이요, "백 자나 되는 높은 장대 위에서 또 한 걸음을 더 나가라
(百尺竿頭 進一步)."는 질문이다.

이 질문에 대하여 선사들은
"뜰.. 앞..의.. 잣.. 나..무.."라고 하였고
"마.. 가.. 세.. 근.. 이.. 다.."라고 하였으며
주장자를 들어 보이기도 하였다.

13. 다이아몬드

다이아몬드는 귀하고 값이 비싸다. 사람들은 다이아몬드가 스스로 존재하고, 스스로 귀하고, 스스로 비싸다고 생각한다. 과연 그러할까? 다이아몬드가 스스로 존재할 수 있을까? 스스로 귀할 수 있을까? 스스로 비쌀 수 있을까?

다이아몬드는 스스로 존재할 수도, 귀할 수도, 비쌀 수도 없다. 내가 귀하다 할 때 귀할 수 있으며, 내가 비싸다 할 때 비쌀 수 있으며, 내가 존재한다고 할 때 존재할 수 있는 것이다.

중생은 다이아몬드가 스스로 존재하고 귀하며 비싸다고 믿기 때문에, 자기를 상실하여 다이아몬드가 주인이 된 사람이다. 부처는 자기로 인하여 비로소 다이아몬드가 존재할 수 있고 귀할 수 있으며 비쌀 수 있음을 알기에, 자기를 상실하지 않아 주인 자리를 지키는 사람이다.

부처는 금강경에서 "귀함은 귀한 것이 아니라 그 이름이 귀하다는 것이요, 비쌈은 비쌈이 아니라 그 이름이 비싸다는 것이요, 존재는 존재가 아니라 그 이름이 존재라는 것이다."라고 하였다. 그 이름은 나에게서 비롯된다. 물론 여기서 나라는 것도 이름일 뿐으로, 나라는 것이 따로 있는 것은 아니다.

나를 포함하여 세상의 어떤 물건도 이름일 뿐, 따로 존재하는 것은 없다. 그 이름을 따르지 않고 가만히 "다..이..아..몬..드..는.. 귀..하..고.. 비..싸..다.."고 말해 보라. 그 이름을 따르지 않고 가만히 "다..이..아.. 몬..드..는.. 천..하..고.. 싸..다.."고 말해 보라. "다..이..아..몬..드..는.. 귀..하..고.. 비..싸..다.."가 진실하고, "다..이..아..몬..드..는.. 천..하.. 고.. 싸..다.."가 진실하지 않는가? 그 있는 그대로를 두고 어디서 진실을 따로 찾을 것인가?

제자들이 있는 그대로를 묻자, 선사들은 각기 그때그때 상황에서 있는 그대로를 보여 주었다.

어느 선사는 "없..다.."로 있는 그대로인 진실을 보여 주었고
어느 선사는 "있..다.."로 있는 그대로인 진실을 보여 주었고
어느 선사는 "뜰..앞..의.. 잣..나..무.."로 있는 그대로인 진실을 보여 주었고
어느 선사는 "동..산..이.. 물..위..로.. 간..다.."로 있는 그대로인 진실을 보여 주었다.

14. 나를 바로 아는 것이
있는 그대로에 눈을 뜨는 것이다

선(線)은 일차원으로, 실재하지 않는데 마음이 만들어 내었다. 면(面)은 이차원으로, 실재하지 않는데 이 역시 마음이 만들어 내었다. 선과 면이 입방체(立方體)에 의존하는 경우, 존재하는 것처럼 보인다. 그런데 입방체가 그 무언가에 의존하고 있다면, 그 무엇이 실재이지 입방체는 허구(虛構)에 불과하다.

입방체는 상하좌우, 안과 밖으로 구성되어 있다. 상하좌우, 안과 밖은 마음이 분별해 낸 것으로, 실재하지 않는 이미지일 뿐이다. 따라서 입방체도 마음이 만들어 낸 세계다. 공간과 언제나 함께하는 과거 현재 미래 역시, 마음이 분별해서 만들어 낸 이미지일 뿐이다.

즉 선도, 면도, 공간도, 시간도 마음이 만들어 낸 관념의 세계다. 있는 그대로인 세계는 선도, 면도, 공간도, 시간도 아니다. 그렇다고 있는 그대로인 세계가, 이들을 떠나 따로 있는 것도 아니다. 다만 그 말뜻에 따라가지만 않으면 된다. 말뜻에 따르지 않는다면, 도저히 허구라고 할 수 없는 확연한 실재(實在)에 눈뜨게 된다.

그렇다면 실재(實在)는 무엇인가?

"선.. 입.. 니.. 다.."
"면.. 입.. 니.. 다.."
"공.. 간.. 입.. 니.. 다.."
"시.. 간.. 입.. 니.. 다.."
"뜰.. 앞.. 의.. 잣.. 나.. 무.. 입.. 니.. 다.."이다.

결국 있는 그대로의 세계란, 나를 바로 아는 것이다.
결코 밖에서 찾지 않아야 한다.

15. 연기(緣起)에 대한 소고(小考)

과거와 미래는 연기(緣起)로 생겨난 개념이다. 과거가 없으면 미래도 없다. 미래가 없으면 과거도 없다. 그래서 과거는 그 이름이 과거일 뿐, 과거에 해당하는 그 고유한 어떤 것이 있는 것이 아니다(無我). 과거에 해당하는 그 고유한 무엇이 있다면, 과거가 구태여 미래라는 개념에 의지하여 연기로 성립할 필요가 없다. 미래 역시 이와 같다.

상하좌우(上下左右)의 개념도 연기로 일어난 개념이다. 상(上) 없이 하(下)가 있을 수 없다. 그래서 상은 그 이름이 상일 뿐, 상에 해당하는 그 고유한 어떤 것이 있는 것이 아니다(無我). 상에 해당하는 그 고유한 무엇이 있다면, 상이 구태여 하라는 개념에 의지하여 연기로 성립할 필요가 없다. 좌우 역시 이와 같다.

이와 같이 시공간은 이름일 뿐, 그에 해당하는 고유한 어떤 것이 없다. 그런데 사람들은 과거 현재 미래, 상하좌우에 해당하는 어떤 시공간이 따로 있는 것으로 착각하며 살고 있다. 모든 사물은 기본적으로 시공간적 존재이다. 시공간을 전제로 그 좌표 위에 존재한다. 시공간이 연기로 일어나는 개념일 뿐이듯이, 모든 사물 역시 연기로 일어나는 개념일 뿐이다. 따라서 그 이름에 해당하는 고유한 무엇이 따로 있는 것이 아니다 (無自性 無我).

부처는 금강경에서 "모든 사물은 이름일 뿐, 그 이름에 해당하는 고유한 그 무엇이 따로 있는 것이 아니다."라고 하였다. 그렇다면 이 세상은 이름으로 나누어진 것일 뿐, 둘이 아니다(不二). 색즉시공 공즉시색(色即是空 空即是色)으로, 공도 이름이요, 색도 이름이다. 공이라는 이름에 해당하는 그 무엇도 따로 없고, 색이라는 이름에 해당하는 그 무엇도 따로 없다.

둘이 아닌(不二) 존재를 어떻게 말로 설명할 수 있겠는가? 그저 "공.. 입..니..다..", "색.. 입..니..다.."로 있는 그대로를 보여 줄 수 있을 뿐이다. 말로 설명하는 것은 시공간적인 개념을 동원하는 것이기 때문이다. 이 세상은 이름을 따르면 무한히 많은 사물로 이루어진 듯 보이나, 이름을 따르지 않으면 하나 아닌 하나일 뿐이다.

그래서 근본적인 존재를 묻는 질문에, 선사들은 "마..삼..근..", "뜰.. 앞..의. 잣..나..무.."로 보여 준다. "마..삼..근..", "뜰.. 앞..의.. 잣..나.. 무.."에서 온 우주가 드러나고 있다.

16. 귀의(歸依)

당신은 내가 깨어 있을 때도, 잠들어 있을 때도, 꿈속을 거닐 때도, 언제나 함께하며 기다려 주었습니다.

당신은 내가 탐욕에 잡혀 있을 때도, 분노에 떨 때도, 바보짓을 할 때도, 언제나 함께하며 기다려 주었습니다.

당신은 내가 천국에 있을 때도, 무간지옥을 헤맬 때도, 아수라에 있을 때도, 언제나 함께하며 기다려 주었습니다.

육도윤회의 길 어디에나, 기쁠 때나 슬플 때나, 당신은 나와 함께하지 않은 적이 없었습니다.

아! 나는 바보였습니다. 나는 당신을 알아보지 못하고 외면하며 살아왔습니다.

이제 당신께 귀의합니다. 당신의 품 안에서만 비로소 나는 쉴 수 있기 때문입니다.

소를 찾다
(見牛)

혜능은 본래무일물(本來無一物)이라 하였다.

진정 한 물건도 없다면
견문각지(見聞覺知)는 또 누구의 일인가?

견문각지에 주객(主客)이 없네!

17. 눈은 눈이 아니다

감았던 눈을 떠 보자. 앞에 나타난 모양 모양이, 모두 눈(佛眼)을 벗어나 따로 있는가? 은하계가 눈이요, 그 은하계를 품고 있는 하늘이 눈이요, 산하대지가 눈이요, 산천초목 등 지수화풍(地水火風)이 모두 눈이다. 온 우주가 눈이다. 색성향미촉법(色聲香味觸法) 수상행식(受想行識)의 오온(五蘊)이 모두 눈이다.

모두가 눈(法)뿐이다. 눈뿐이라면, 거기에 어찌 이름을 붙일 수가 있겠는가? 눈뿐이나 눈이라고 할 수도 없다. 눈은 눈이 아니다. 눈 아닌 눈뿐이나, 이름을 붙이면 만물이 태어난다. 눈 아닌 눈뿐이나, 이름을 지어 만물로 사용하고 버린다. 만물을 세우고 거두어들임이 자재하다. 이를 두고 "세우고 버림이 자재하다(立破自在)."라고 하였다.

세상 만물은 토끼 뿔과 거북이 털과 같다. 이름 지어진 것은 모두 실체가 없는 이름일 뿐, 그러한 물건이 따로 있는 것이 아니다. 그러나 "토..끼..뿔..", "거..북..이.. 털.."이 부정되는 것은 아니다. 있다 할 수도 없고, 없다 할 수도 없다. 없다 해도 "없..다.."가 부정될 수 없고, 있다가 개넘일 뿐이라 해도 "있..다.."가 부정될 수 없기 때문이다.

세상 만물이 실체가 없는 이름일 뿐이니, 그야말로 거북이 털이요, 토끼 뿔이다. "뜰 앞의 잣나무"는 토끼 뿔이요, 거북이 털이나 "뜰..앞..의..잣..나..무.."는 부정될 수 없는 실재(實在)다. "마..가.. 세..근.. 이..다..", "동..산..이.. 물..위..로.. 간..다..", "앞..니..에.. 털..이.. 났..다..", "하..늘..이.. 맑..다..", "차..나.. 한..잔.. 마..시..게..", "똥..닦..는.. 막..대..기..", "밤.. 하..늘..에.. 별..이.. 총..총..하..다..", "7.. × 8.. = 45.."가 부정할 수 없는 실재다.

우리의 일상이 눈(法)뿐이다. 눈이라 할 수도 없어, 눈 아닌 눈뿐이니 주관도 아니요, 객관도 아니다. 주객이 모두 탈락되었다. 실은 탈락될 주객이 따로 없다. 주관이 객관이요, 객관이 주관으로, 둘이 아니다.

부처는 금강경에서 "일체가 허망하다(皆是虛妄)."고 하나 허망이 따로 없으니 "허..망..하..다.."가 눈이요, 눈이 "허..망..하..다.."이다.

있는 그대로의 진면목(眞面目)을 묻는 제자에게, 스승은 주장자를 들어 보이고, 죽비로 책상을 치고, 몽둥이로 제자를 때려 진실을 보여 주었으니, 이것이 눈 아닌 눈이 아니고 무엇이겠는가?

눈 아닌 눈뿐이니, 일체의 분별을 허용하지 않는다. 눈 아닌 눈이라 해도 분별이니, 다만 높이 든 주장자 앞에서 생각이 머물 곳이 없다. 주관

도 아니고 객관도 아니니, 단지 둘이 아닌 눈, 눈 아닌 눈에 계합(契合)함
이 급선무다.

18. 무아(無我)

　부처는 금강경에서 "우리가 실재한다고 알고 있는 세상 만물은 모두 허망하여 실체가 없는 이름일 뿐이다. 일체 분별이 만들어 놓은 만물은 꿈같고 환영 같고 거품 같고 그림자 같고 이슬 같고 번갯불 같아 실체가 없는 이름일 뿐이니 마땅히 이와 같이 보라(凡所有相 皆是虛妄 一切有爲法 如夢幻泡影 如露亦如電 應作如是觀)."고 하였다.

　이를 두고 선가에서는 "만물은 스스로의 고유한 성품이 없다(萬法無自性)."고 하였다. 그렇다. 만물은 그 고유한 성품을 갖고 있지 않다. 모두 지금 여기 일일 뿐, 만물 그 자체에 고유한 성품이 본래 있는 것이 아니다. 우리가 만물의 성품이라고 생각하는 것에 대해, 만물 스스로가 이를 주장한 바 없다. 만물에 대한 장단·미추·우열·경중·시비·선악·유무 등등의 성품은 만물 스스로의 것이 아니라, 모두 지금 여기 일이다.

　이와 같이 만물은 실체가 없는 이름일 뿐이다. 그러므로 만물 중 하나인 나 역시, 이름일 뿐으로 그 실체가 없다. 부처가 강조하는 무아(無我)

이다. 그래서 부처는 금강경에서 "만물은 실체가 없는 이름일 뿐이니, 마땅히 여기에 머물지 말고 그 마음을 내라(應無所住 而生其心)."고 하였다. 도대체 실체가 없는 이름일 뿐인 것에, 어찌 집착할 수 있겠는가?

내가 없음이다(無我). 그렇다면 우리의 일상인 견문각지(見聞覺知) 어묵동정(語默動靜) 행주좌와(行住坐臥)는 누가 하는 일인가? 그것이 어찌 이름일 뿐인 내가 하는 일이겠는가? 행위 주체가 없어, 그야말로 함이 없는 무위(無爲)로 이루어지는 일이다. 둘이 아닌 공(空)과 색성향미촉법(色聲香味觸法) 수상행식(受想行識)이, 스스로 연기의 섭리에 따라 연출할 뿐이다.

이제 내가 하는 일이 없다. 무심(無心)이 우리의 삶을 이끌 뿐이다. 보고 듣고 생각하고 말하며 행동하는 일이, 나 없이 무심히 일어난다. 말과 행동에 꾸밈이 없다. 내가 따로 있어 우리의 삶을 계획하고 재단하여 끌고 가는 줄 알았는데, 모두가 무위자연인 지금 여기의 일이지 않는가? 이제 우리는 내가 있어 짊어질 수밖에 없던 삶의 무게를, 모두 내려놓을 수 있게 되었다.

만물은 스스로의 고유한 성품이 없어, 둘이 아닌 여기 일일 뿐이다. 본래 한 물건도 없어 내가 따로 없음을 깨달았다고 하여도, 만물이 따로따로 있다고 보는 습(習)이 너무나 깊어서, 둘이 아닌 여기는 아직 낯선 존재이다. 그래서 대혜 스님은 우리 공부를 두고 "낯선 것을 낯익게 하고, 낯익은 것을 낯설게 하는 것이다."고 하였다.

무아(無我)를 확인한 후에도 향상일로(向上一路)의 길이 남아 있다. 그런데 아직 내(ego)가 따로 있다는 착각이 남아 있기 때문에, 향상일로의 길에서 때로는 허영심이 찾아오고, 때로는 화가 날 때도 있고, 때로는 두려움을 경험하기도 한다.

이러할 때 어떻게 대처할 것인가? 속수무책(束手無策)으로 방법이 없다. "어떻게?"라고 묻는 놈이 바로 그 에고(ego)인 나이기 때문이다. 그저 그 생주이멸(生住異滅)의 과정을 허용하고 자각할 뿐이다. 여기서 허용하다는 것이 허영심을 정당화한다든가, 그 성냄을 행동으로 옮기라는 말은 전혀 아니다.

19. 삼계(三界)를 벗어난 열반(涅槃)

　낮의 세상, 꿈의 세상, 잠의 세상을 삼계(三界)라고 하자. 낮은 아침에 깨어나서 다시 잠들기까지의 세상이고, 꿈은 꿈속에서 만나는 세상이며, 잠은 꿈도 없이 깊은 잠에 빠져 사는 세상을 말한다.

　욕계(欲界), 색계(色界), 무색계(無色界)를 삼계(三界)라 한다. 낮을 욕계에, 꿈을 색계에, 잠을 무색계에 해당한다고 가정하자. 이 삼계는 시공간의 세상이요, 만물이 따로따로 존재한다고 믿어지는 세상이다. 우리가 알 수 있고 볼 수 있는 이름과 모양으로 나누어진 세상이다. 이를테면 동서남북, 상하좌우, 내외의 세상이고, 과거 현재 미래의 세상이며, 알 수 있고 볼 수 있는 세상으로, 지금 여기 일이 아닌 저기 일로 말하여지는 세상이다.

　그러나 이들은 분별이 만들어 낸 세상으로, 이름일 뿐이고 실체가 없는 세계이다. 이를 두고 부처는 금강경에서 "모든 분별이 만들어 낸 세상은 꿈같고 환영 같고 거품 같고 그림자 같으며 이슬 같고 번갯불 같다(一切有爲法 如夢幻泡影 如露亦如電)."고 하였다.

그러므로 과거 현재 미래, 동서남북, 상하좌우 내외 및 그 속의 만물의
실상은, 모두 지금 여기 일일 뿐이다. 낮의 일, 꿈속의 일, 잠들어 있을
때의 일은, 모두 지금 여기 일이다. 욕계, 색계, 무색계가 모두 지금 여기
일이다. 지금 여기에는 시간 공간이 없어, 만물도 따로 없다. 순간인 동
시에 영원이다.

과거 일이 지금 여기 일이요, 미래 일이 지금 여기 일이요, 현재 일이
지금 여기 일이요, 동서남북, 상하좌우, 내외의 모든 일이 모두 지금 여
기 일이요, 만물이 모두 지금 여기 일이다. 지금 여기 일이 아닌 일은 하
나도 없다. 우리의 일상인 견문각지(見聞覺知) 어묵동정(語默動靜) 행
주좌와(行住坐臥)가 하나같이 지금 여기 일이다.

그래서 제자가 지금 여기 일을 묻자, 남전은 "평상심이다."고 하였다.
삼조 승찬은 "지극한 도는 어렵지 않다. 다만 좋아하고 싫어함을 간택
하지 않으면 명백해진다(至道無難 唯嫌揀擇 但莫憎愛 洞然明白)."고 하
였다.

지금 여기 일인 도(道)가 저기의 일이라면, 수행을 통하여 도달하여야
하는 곳이니, 얼마나 어렵겠는가?

지금 여기 일을 알고자 하는가? 선가에 "만법은 하나로 돌아가는데, 그
하나는 어디로 귀착되는가(萬法歸一 一歸何處)?"라는 질문이 있다. 즉
"만법이 지금 여기 하나의 일로 돌아가는데, 그 지금 여기 하나의 일은

어느 곳으로 돌아가는가?"라고 묻는다.

모든 일에서 지금 여기가 소외된 바 없으니, 주객합일의 마음뿐이다. 모든 일이 마음뿐인 지금 여기 일로 귀일된다. 조주의 "뜰..앞..의..잣..나..무.."가 지금 여기 일이요, 선가의 "할(喝)"과 "방(榜)"이 모두 지금 여기 일일 뿐이다.

결국 우리의 일상 하나하나가 지금 여기 일일 뿐이다. 지금 여기 일은 욕계, 색계, 무색계를 벗어났으니 열반(涅槃)이다. 그 열반이 우리의 본래면목(本來面目) 아니겠는가?

20. 세계일화(世界一花)

우리의 본래 면목이 부처이고 마음이다. 실재하는 것은 마음뿐이다 (三界唯心). 마음이 모든 만물을 만들어 내지만(一切唯心造), 그 일체 만물(一切萬物)은 마음 외에 따로 존재하는 것이 아니어서, 따로 둔다면 실체가 없는 모양이요, 이름일 뿐이다. 이를 두고 부처는 금강경에서 "일체 만물은 모두 허망하여 실체가 없다. 이렇게 볼 수만 있다면 실재인 마음 즉 여래(如來)를 볼 수 있다."고 하였다.

제자가 그 마음 즉 여래를 묻자, 선사들은 "뜰..앞..의.. 잣..나..무..", "똥..닦..는.. 막..대..기..", "마..삼..근..", "차..나.. 한..잔.. 마..시..게.." 라고 보여 주었다(直指人心). 따라서 "뜰..앞..의.. 잣..나..무.."가 마음이고 여래이며, 전존재(全存在)이자 전우주(全宇宙)이다. 그 외에 마음이 만들어 낸 일체 만물은 마치 꿈, 환상, 거품, 그림자, 이슬, 번갯불과 같아, 실체가 없는 이름이요, 모양일 뿐이다.

이와 같이 우주는 한마음뿐이다. 따로 존재하는 듯이 보이는 과거 현재 미래, 동서남북, 상하좌우의 시공간, 그 시공간 내의 일체 만물은 마음의 화현(化現)으로 마음 외에 따로 존재하는 것이 없으니, 그저 실체가 없는 모양이요, 이름일 뿐이다. 우리 인류를 비롯해 살아 있는 모든 생명들은 한결같이 이 마음으로 살고 있으니, 그들의 본래면목 역시 "뜰..앞..의.. 잣..나..무.."이다.

생명을 가진 모든 것은 얼핏 보면 먹이 사슬로 이어져 있는 듯이 보인다. 모든 생명들이 먹고 먹히는 관계에 있으니, 노자는 "하늘과 땅은 인자하지 않다(天地不仁)."고 하였다. 그러나 이들 역시 그 본래 면목은 마음이요, "뜰..앞..의.. 잣..나..무.." 이어서, 태어난 바도 없고 죽은 바도 없다. 이들에게도 생사는 그저 실체가 없는 이름일 뿐이다. 죽이되 죽인 바 없고 살리되 살린 바 없다. 생사뿐이겠는가? 선악·시비·유무·우열·고하·귀천 등 일체 개념이 발붙일 곳이 없다. 그래서 부처는 금강경에서 "실체가 없는 이름뿐인 개념에 머물지 말고 그 마음을 내라(應無所住 而生其心)."고 하였다.

먹이 사슬이 살아 있는 모든 생명들의 생존 모습이, 있는 그대로인 자연의 모습이다. 그대는 생명을 죽이지 않고 하루를 살 수 있는가? 나 역시 언젠가는 다른 생명체의 먹이가 되지 않는가? 그렇다 하더라도 끝까지 살아남으려는 것이 모든 생명체의 본래 모습이요, 스스로 그러한 자연이다. 그저 자연 그대로 살 뿐, 거기에 선악·시비 등 윤리 도덕이 왜 끼어든단 말인가?

"도(道)를 잃을 때 덕(德)을 말하고, 덕을 잃을 때 인(仁)을 말하고, 인을 잃을 때 의(義)를 말하고, 의를 잃을 때 예(禮)를 말하고, 예를 잃을 때 지(知)를 말한다.”고 하지 않는가? 도법자연(道法自然)이라 하여, 도(道) 도 따라야 할 것이 자연이다.

세계는 한 생명, 한 마음이다. 누가 “이 마음이 무엇이냐?”고 물으면, 조주는 “뜰..앞..의.. 잣..나..무..”라고 보여 주었다. “뜰..앞..의.. 잣..나..무..”가 과거 현재 미래의 모든 부처와 조사들이 출현하는 자리이며, 우주 만물의 귀의처이다.

지금 여기 일에 부처가 드러나고 있다. 지금 여기 일에 달마가 드러나고 있다. 지금 여기 일에 마조 등 일체 선사가 드러나고 있다. 지금 여기 일에 미래에 찾아올 미륵불이 드러나고 있다. 그뿐이랴? 지금 여기는 돌아가신 부모님이 드러나는 자리요, 너와 내가 살아 숨 쉬는 자리이며, 우리 후손들이 함께하는 자리다.

세계는 한 생명, 한 마음이다. 이를 두고 세계일화(世界一花)라 한다. 향상일로의 길은 세계일화를 증득해 가는 길이요, 그 증득의 힘을 길러가는 길이다. 여기에 이르는 수단이나 방법은 없다. 간절함이 있을 뿐이다.

세계일화의 꽃씨를 우리의 가슴 속에 묻어 두자. 그 간절함이 비를 맞게 할 것이다. 그 간절함이 햇빛을 받아 싹을 틔우고 꽃을 피울 것이다.

나무를 보라. 수만 개의 잎이 하나같이 태양을 향하여 손을 벌리고 있음을! 그 뿌리를 보라. 수만 개의 뿌리가 수원(水源)을 찾아 깊이깊이 뻗어 가고 있음을!

21. 둘이 아닌 자는 누구인가?

둘이 아닌 자가
보고 듣고 말을 한다.

둘이 아니어서
보는 자도 듣는 자도 말하는 자도 없고
보여지는 것도 들려지는 것도 말도 없다.
이들은 모두 이름일 뿐이요, 그림자 같은 것이다.

그렇다면
둘이 아닌 자는 누구인가?

선사들은
죽비를 들기도 하고
"뜰.. 앞..의.. 잣..나..무.."라 하기도 하고
고함을 치기도 하고
몽둥이로 때리기도 하였다.

22. 견성(見性)

색(色)

밀폐된 방안에서 한국인은 붉은색을 보고 있었고
네팔인은 검은색을 보고 있었다.
갑자기 전깃불이 나갔다.
그때 한국인도, 네팔인도 견성을 하였다.
각자는 무엇을 보았을까?

성(聲)

한국인 1명, 네팔인 1명이 베토벤의 운명을 듣고 있었다.
갑자기 전기가 나가 소리가 뚝 끊겼다.
그때 한국인도, 네팔인도 견성을 하였다.
각자는 무엇을 보았을까?

향(香)

깊은 산 속 절의 저녁은 한가롭기 그지없다.
매화 향기가 바람을 타고 스쳐 지나간다.

그때 한국인도, 네팔인도 문득 견성을 하였다.

각자는 무엇을 보았을까?

미(味)

한국인과 네팔인이 대청마루에 차상(茶床)을 두고 마주 앉아 차를 기다린다. 갓 달여 낸 우전차를 마신다.

차 맛은 사람마다 다르다.

그때 한국인도, 네팔인도 문득 견성을 하였다.

각자는 무엇을 보았을까?

촉(觸)

한국인은 선생님에게 매를 맞고, 네팔인은 선생님과 악수를 한다.

그때 한국인도, 네팔인도 문득 견성을 하였다.

각자는 무엇을 보았을까?

법(法)

한국인 1명, 네팔인 1명, 진돗개 1마리가 함께 있었다.

그때 한 사람이 느닷없이 "하늘은 푸르다."라고 고함을 쳤다.

한국인에게는 소리도 있고 말도 있고 뜻도 있다.

네팔인에게는 소리도 있고 말도 있으나 뜻은 없다.

진돗개에게는 소리만 있다.

그러나 이들은 "하늘은 푸르다."에서 문득 모두 견성을 하였다.

각자는 무엇을 보았을까?

23. 이해(理解)와 증득(證得)

눈이 눈을 보지 못함을 "안불견(眼不見)"이라 한다. 구지 선사는 손가락을 들어 보여서, 눈을 확인하게 하였다. 사물을 볼 때 거기에는 눈이 있다. 그러나 우리는 눈을 확인하지 않고, 사물을 확인하는 것으로 일상을 삼는다. "아! 사물을 볼 때 눈이 있어 가능하였는데, 그 눈을 놓치고 있었구나! 이제 나의 본성인 눈을 알았다."고 한다면, 이는 아는 것이지 눈에 계합(契合)한 것이 아니다.

사물을 통하여 눈을 확인한다는 것은 이해요, 아는 것이다. 아는 것이 눈을 대신하지 못한다. 눈은 이해되고 알 수 있는 대상이 아니다. 여기서 말하는 눈이, 우리의 육안(肉眼)을 의미하지는 않는다. 이름을 지을 수는 없지만 마음의 눈이요, 부처의 눈(佛眼)이다. 달리 말할 수 없어 눈이라 하지만 이 역시 이름일 뿐, 그 눈이라는 것이 따로 있다고 한다면 망상(妄想)이다.

덕산이 용담 선사와 밤이 깊도록 법담을 나누고 방을 나와 신발을 찾고 있는데, 용담 선사가 별안간 불을 확 꺼 버렸다. 그때 오롯이 눈이 드러나, 덕산은 견성하는 기연을 가지게 되었다. 어둠을 응시하니 거기에 눈이 있었다는 이해가 아니다. 생각의 틈을 주지 않는 상황의 변화가, 견성의 기연이 된 것이다.

덕산의 견성은 "어둡다."고 말하기 전이다. "눈..이..다.."은 지금 여기 일이나, "눈이다."는 분별이다. "어..둡..다.."는 지금 여기 일이나, "어둡다."는 분별이다.

결국 말과 모양을 따라가 그 말의 의미를 아는 것이나 그 모양이 무엇인지 아는 것은 이해다. 반면 말과 모양을 따라가지 않고, 말과 눈이 함께 하고 모양과 눈이 함께 함이, 둘이 아닌 계합이요, 증득(證得)이다.

그러므로 말은 어디까지나 말일 뿐이다. 모양에 이름이 더해져 이름에 해당하는 사물(事物)이 되었을 뿐이니, 그 사물 역시 이름일 뿐이고 모양일 뿐이다. 그 이름에 해당하는 사물이 따로 있는 것이 아니다. 즉 이름에 해당하는 사물이 따로 존재할 수는 없다. 사실 이름과 이름에 해당하는 사물의 모양은, 본래 아무 관계가 없다. 그저 우리가 어떤 모양에 이름을 붙여, 그 이름에 해당하는 사물이 따로 있다고 착각한 것이다.

그렇다면 우리가 아는 심적인 것이나 물적인 것은, 모두 덧없는 모양이요, 이름일 뿐이다. 그러나 그 허망하다는 이름과 모양은, 사실 눈과 분리될 수가 없다. 이름마다 눈이요, 모양마다 눈이다.

"뜰..앞..의.. 잣..나..무.."가 눈이요,

"똥..막..대..기.."가 눈이요,

"동..산..이.. 물..위..로.. 간..다.."가 눈이다.

"7..×8.. = 58.."이 눈이다.

우리 일상이 순간순간 눈이 아닌 적이 있겠는가? 비록 이름에 해당하
는 사물이 따로 존재한다고 망상을 하더라도, 그 망상 역시 알고 보면 눈
을 벗어난 적이 없다.

그러므로 "사물은 이름에 따라 각기 별개로 존재한다."고 하여도, 사실
은 이 역시 눈을 벗어난 바 없어 눈일 뿐이다. "망상이 보리(菩提)다."라
는 말은 이를 두고 하는 말이다.

24. 여래선(如來禪), 조사선(祖師禪)

우리가 안다는 것은 대상 즉 상대를 아는 것이다. 내가 누구인가를 아무리 안다고 하여도, 그 아는 것은 나를 대상으로 삼았을 때만 가능한 일이다. 그런데 이미 대상이면 그것은 내가 아니다. 그래서 아는 것으로는 주객미분(主客未分)의, 부모미생전(父母未生前)의 소식을 대신할 수 없다고 하였다.

향엄은 백장의 제자이다. 향엄은 부처님의 경전뿐만 아니라 모든 학문에 조예가 깊어 일체 질문에 막히는 데가 없었다. 백장은 그 점이 걱정이었다. 향엄이 이해가 깊어 아는 바가 무궁하나 지식일 뿐이어서, 아직 문밖 소식만 알고 있기 때문이었다. 지식으로는 문안에 들어올 수 없다. 지식은 오히려 문안에 들어오는 것을 방해한다.

향엄은 언제나 자신만만했다. 백장은 열반에 앞서, 제자 위산을 불러 향엄을 부탁하였다. 위산이 향엄을 불러 "불법의 요체를 일러 보라."고 하였다. 향엄은 위산에게 해박한 지식으로 불법의 요체를 풀어 일렀다. 도무지 어떠한 질문에도 막히는 바가 없다.

그러나 위산은 향엄에게 "자네가 아는 것은 배워서 아는 것이네. 그 것은 자네 것이 아니네. 배우면 누구나 할 수 있는 대답 아닌가? 불법은 배워서 알 수 있는 것이 아니네."라고 하였다. 향엄은 커다란 충격을 받았다.

세월이 흘렀다. 돌멩이가 대나무에 부딪치는 소리에, 향엄이 눈을 떴다는 소식이 들렸다. 위산이 제자 앙산을 불러 "향엄을 점검하라."고 하였다. 앙산이 향엄에게 부모미생전(父母未生前)의 소식을 묻자, 향엄은 다음의 게송으로 답하였다.

작년 가난은 가난이 아닐세(去年貧 未是貧).
금년 가난이 참 가난일세(今年貧 始是貧).
작년은 송곳 꽂을 땅조차 없더니(去年貧 猶有卓錐之地)
금년은 송곳조차 없네(今年貧 錐也無).

앙산은 "이 게송으로는 자네가 여래선을 알았다고 하겠으나, 조사선을 증득하였다는 것은 꿈도 꾸지 말게."라고 하였다. 이에 향엄이 앙산에게 눈을 찡긋하였다. 앙산은 비로소 "향엄이 조사선을 증득하였다."고 기뻐하였다. 향엄은 눈을 깜박임으로써, 지금 여기 일인 있는 그대로인 중도를 드러냈다. 앙산이 "이 게송으로는 여래선밖에 보지 못하였다."고 평한 것은 "부처님 가르침의 핵심이 연기와 중도인데, 향엄은 그 연기와 중도를 설명한 것에 불과하였다."는 것이다.

향엄은 게송에서 "지난 시절은 한 물건도 없는 참 가난(不二中道)을 증득하지 못하였는데, 지금은 한 물건도 없어 대상도 없고(法空) 나도 없다(我空)."고 하였다. 즉 나(主)와 대상(客)은 연기하는 것으로, 주와 객이 따로 존재하는 것이 아니다. 주가 있어 객이 있고, 객이 있어 주가 있다. 주객은 분별이 만든 이름뿐인 이법(二法)의 세계다. 주객(主客)을 여의니, 불이(不二) 중도(中道)의 실상을 알겠다는 것이다.

우리의 일상은 알건 모르건, 중도의 실상이 드러나 있다. 중도의 실상인 불이(不二)가 있는 그대로라면, 우리는 안다거나 모른다거나 상관없이 중도의 실상으로 산다. 그것이 알고 모르고와 관계가 있다면, 있는 그대로가 아니다. 안다 해도 해석일 뿐이요, 모른다 해도 해석일 뿐이다. 깨닫고 보니 우리의 일상이 모두 중도(中道)를 드러내지 않음이 하나도 없다는 것이다.

우리의 일상은 어떤 것인가? 견문각지(見聞覺知) 어묵동정(語默動靜) 행주좌와(行住坐臥)가 모두 우리의 일상이요, 중도의 드러남이다. 견문각지 어묵동정이라 하지만, 여기에는 행위의 주체가 따로 없고 행위의 객체가 따로 없는 견문각지 어묵동정이다. 알고 모른다는 해석이 붙지 않은 있는 그대로이며, 주객으로 나누기 전의 있는 그대로이다.

25. 어찌 감출 수가 있을까?

밝은 낮에도 찾지 못했는데
해가 지니 절로 드러나네.

어둠도 감추지 못하는데
오히려 밝음이 찾아내지 못하는구나.

어둠이 감출 수 없듯이
밝음도 이로 인하여 밝을 수 있구나!

단 하나 실수라면
일부러 불을 밝혀 찾으려 하는 것이지.

눈앞의 삼라만상(森羅萬象)이 거울인데
어떻게 감출 수 있겠는가?

찾아냈다 하나, 끝내 이름 지을 수 없어

삼라만상과 둘이 아니라네.

서로 상대를 비추어 내니
누가 진정 거울인지 알 수가 없네.

영상과 거울이 둘이 아닌 것을 두고
색(色)이 공(空)이요, 공(空)이 색(色)이라 하지.

공(空)이 삼라만상이요,
삼라만상이 공(空)이니

그래서 마음을 두고
여래장(如來藏)이라 하나 보다.

누구나 둘이 아닌 여래장이요,
천상천하 유아독존이다(天上天下 唯我獨尊).

여래장은 만 가지 씨앗을 잉태한 하나의 생명으로
인연을 만나, 만물로 싹을 틔우고 꽃을 피운다.

우리 일상이 모두 이 하나이니, 다만 나누어 보지 말 것이다. 그래서
나누어진 만물(萬物)을 두고 꿈이요, 그림자요, 이름일 뿐이라 하네.

소를 얻다
(得牛)

알 수 있는 것은 이름일 뿐

알 수 없어라.

나는 누구인가?

지금 여기 이 일을

누가 있어 알 것인가?

우리 일상(日常)의

견문각지(見聞覺知)에서 드러나네!

26. 지금 여기 내 일뿐이다

소설이나 유명인의 전기를 읽을 때 책에 있는 글자 하나하나는 누구의 일이며, 한 구절 한 구절은 누구의 일이며, 한 문장 한 문장은 누구의 일인가? 모두 지금 여기 내 일일 뿐이지, 달리 누구의 일이겠는가? 그것이 지금 여기 내 일일 때, 한 글자 한 글자가 살아 있음이요, 한 구절 한 구절이 살아 있음이요, 한 문장 한 문장이 살아 있음이다.

그렇지 않고 그것이 소설이나 전기에 등장하는 사람들의, 거기에 등장하는 산천초목의, 거기에 등장하는 만물의 일이라고 본다면, 이는 말을 따라가고 모양을 따라가 말에 머물고 모양에 머무는 것이다. 그것은 이름뿐인 개념의 세상이요, 생명을 잃은 이미지(image)의 세상이 된다.

세계사 등 역사책을 읽으면 거기에는 유사(有史) 이전부터 근대를 거쳐 현대에 이르기까지 수많은 사건들과 인물들이 등장한다. 이들은 그 누구의 일이 아닌, 지금 여기 살아 있는 내 일이지 않은가? 미래를 예측한 미래학도 마찬가지로 지금 여기 내 일일 뿐, 그것이 어찌 미래의 일이겠는가? 그렇지 않고 그것이 역사적인 사건의 일이고 등장인물의 일이라면, 이는 곧 실체가 없는 이름일 뿐인 개념의 세상이지 않겠는가? 물리학 책을 읽는다 해도 마찬가지다. 분자, 원자, 전자, 파동, 입자가 모두 지금 여기 내 일이지, 그것이 어찌 분자, 원자, 전자, 파동, 입자의 일이겠는가?

지금 여기를 등지고 말을 따라가 머문다면, 아무리 과학이라 해도 이 어찌 이름뿐인 세상이 아니겠는가? 만유인력의 법칙 등 모든 물리학의 법칙이, 모두 지금 여기 내 일일 뿐이다. 빅뱅이 300억 년 전에 일어나 오늘에 이르렀다 해도, 우주의 성주괴공(成住壞空)이 헤아릴 수 없이 거듭된다고 해도, 모두 지금 여기 내 일일 뿐이다. "물..리..학.." 여기에서 끝낼 일을 두고, 물리학은 수만 권의 책을 써 가며 안으로 밖으로만 찾아 헤매고 있으니, 언제 끝날 날을 기약하겠는가?

우리의 몸을 두고 "이것은 눈이고 이것은 귀고 이것은 코고 이것은 혀고 이것은 몸이고 이것은 의식이다."라고 해도, 눈, 귀, 코, 혀, 몸, 의식은 지금 여기 내 일이다. 그런데 지금 여기를 등지고 말을 따른다면, 그것은 이름일 뿐인 개념의 세상이 된다. 그래서 부처는 반야심경에서 "눈도 없고 귀도 없고 코도 없고 혀도 없고 몸도 없고 의식도 없다(無眼耳鼻舌身意)."라고 하였다.

만물 역시 이와 같다. 만물에 대한 유무·경중·미추·우열·장단·곡직(曲直)·귀천·선악·생사·시비 등을 백번 거듭 부정(四句百非) 하는 일이, 모두 지금 여기 내 일이다. 그런데 지금 여기를 등지고 말을 따른다면, 모두 이름인 개념의 세상이 된다.

이와 같이 분별만 따르지 않는다면, 이 세상은 둘이 아닌 "색즉시공(色
卽是空) 공즉시색(空卽是色)."이다. 둘이 아닌 불이(不二) 이어서, 모양
마다 여래(如來)고 말씀마다 여래다.

견문각지 어묵동정 행주좌와 등 우리의 일상이, 모두 지금 여기 여래
의 드러남이다. 모두가 살아 있는 지금 여기 내 일이다. 천상천하에 오
직 둘이 아닌 여래만이 존귀하다(天上天下 唯我獨尊).

자!
그 둘이 아닌 여래는 무엇인가?

"하..늘..이.. 맑..습..니..다.."
"오..늘.. 밤..은.. 별..이.. 총..총..합..니..다.."
악!

27. 기적(奇蹟)

아는 것만으로 세상을 살아간다면, 어제가 오늘이고 오늘이 내일이다. 언제나 헌 것이니, 어제의 내가 오늘의 나요, 또 내일의 나이고, 어제의 아내가 오늘의 아내요, 또 내일의 아내이며, 어제의 일출이 오늘의 일출이요, 또 내일의 일출이다. 당신은 항상 지루함으로 채워질 것이다.

우리가 아는 것은 이름일 뿐이니, 만약 당신이 모르는 눈으로 세상을 함께 한다면, 우리의 일상인 견문각지 어묵동정 행주좌와가 온통 기적이 아니겠는가?

오직 모를 뿐이니, 나날이 새롭고 나날이 좋은 날이다. 앎이 모름이고 모름이 앎이니, 나눌 수가 없다.

앎을 등지면 세상살이에 어둡고, 모름을 등지면 윤회를 불러온다. 앎과 모름은 존재의 양면이니, 오직 알되 모를 수만 있다면, 언제나 수처작주(隨處作主)요, 입처개진(立處皆眞)이다.

28. 둘이 아니다

만물(萬物)은 둘이 아니다. 그런데 이름이 들어서면서 만물로 나누어진다. 따라서 이름이 붙여지기 전은 둘이 아니다.

이 세상은 색성향미촉법(色聲香味觸法) 수상행식(受想行識)의 세계다. 각기 별개의 것으로만 보이는 이들이, 어찌 둘이 아니란 말인가? 둘이 아니라면, 이들을 하나로 묶어 줄 공통분모는 무엇일까?

눈이 청산으로 가득하다(滿目靑山).
눈에 들어온 모든 것이 있는 그대로의 진실이다(觸目皆眞).
눈에 들어온 모든 것이 깨달음이다(觸目菩提).

즉 눈에 들어온 모든 것이 눈과 둘이 아니라는 뜻이다. 눈이 색성향미촉법 수상행식이요, 색성향미촉법 수상행식이 눈이다. 여기서 말하는 눈(目)은 지금 여기 각(覺)을 말한다. 그렇다면 공통분모는 눈(目)이나 각(覺)이고, 색성향미촉법 수상행식은 일응 분자인 셈이다.

각(覺)은 생명이요, 부처요, 하느님이다. 각은 지금 여기 살아 있는 실재다. 각을 떠나 한 물건도 따로 없다. 색성향미촉법 수상행식이 각과 둘이 아니어서 이들이 각의 내용을 이루나, 이들은 각(覺)을 떠나 존재하는 어떤 것이 아니다. 그러므로 각이 공통분모요, 색성향미촉법 수상행식이 분자라 하였으나 이들은 둘이 아니니, 공통분모라 할 것도 분자라 할 것도 따로 없다. 공통분모가 분자요, 분자가 공통분모이다.

각(覺)은 지금 여기 살아 있는 생명이요, 실재다. 우리는 순간순간 생명이요, 각이요, 실재다. 각을 떠나 한 물건도 따로 없으니, 따로 있다고 본다면 이는 망상(妄想)이다.

부처님, 하느님, 각(覺)만이 생명이요, 실재인데, 이를 떠난 것이 어찌 존재할 수 있단 말인가? 생명은 지금 여기 일이지, 저기 일이 아니다. 보고 듣고 말하는 생명 활동은 지금 여기 일로 확인될 뿐이다. 지금 여기를 떠난 저기 일이 있다면, 저기 일은 생명이 없는 이름일 뿐으로, 그림자 같은 것이다. 생명만이 실재하는 것이기 때문이다.

지금 여기일 뿐이니, 도대체 취하고 버릴 물건이 따로 없다. 고집할 생각이 따로 어디 있는가? 그래서 부처는 금강경에서 "머무는 바 없이 그 마음을 내라(應無所住 而生其心)."고 하였다. 생각하되 생각을 따라가 머물지 말라. 생각과 말에서 놓여남이 해탈 아니겠는가?

29. 차안(此岸)과 피안(彼岸)

스승이 제자에게 말했다.
"해와 달이 둘이 아니다."

제자가 놀라 다시 묻는다.
"해와 달이 엄연히 둘인데, 어찌 둘이 아닙니까?"

스승은 제자에게 다시 말했다.
"해..와.. 달..이.. 엄..연..히.. 둘..인..데.. 어..찌.. 둘..이.. 아..닙..
니..까..?"

제자는 차안(此岸)에 있고
스승은 피안(彼岸)에 있다.

30. 있는 그대로는?

어느 날 수월 스님이 숭늉 그릇을 들고 만공 스님에게 "여보게. 이것을 숭늉 그릇이라고도 하지 말고, 숭늉 그릇이 아니라고도 하지 말고 일러 보게."라고 하였다.

이에 만공 스님은 벌떡 일어나 수월 스님 손에 있는 그릇을 빼앗아 법당 밖으로 던져 버렸다. 이를 본 수월 스님은 "잘했어! 참 잘했어!"라고 하였다.

비슷한 이야기가 선가에 참으로 많다. 그것은 불교가 있는 그대로를 증득하는 것을 기본 메시지로 하기 때문이다.

백장 문하의 재가 제자 중에 풍수에 능한 거사 한 사람이 있었다. 거사는 "대위산(大僞山)에 개산(開山)을 하면 눈 밝은 제자가 많이 나온다."고 하였다. 이에 백장이 제자 중 누구를 보내 개산케 할 것인가를 시험하였다.

백장은 병(瓶)을 들고 제자들에게 "이것을 병이라고 해도 어긋나고, 아니라고 해도 어긋난다. 어디 일러 보아라."라고 하였다.

이에 제일좌(第一座)인 선각이 "나무 막대기는 아닙니다."고 했다. 다음은 원주(院主)인 영우 차례이다. 영우는 묻자마자 병을 문밖으로 걷어 찬 후 자기도 나가 버렸다. 백장은 "대위산의 주인은 영우다."고 말했다.

그가 바로 위산 영우 스님이다. 영우가 대위산에 들어가 개산한 후 눈 밝은 제자를 많이 배출하였다. 그중에서도 앙산 혜적이 특출하여 후세에 위산과 앙산의 이름 한 자씩을 따서 위앙종(僞仰宗)이라 하였고 선종 오가(五家)의 일파를 이루게 되었다.

있는 그대로의 진리를 묻는 제자에게, 조주는 "뜰..앞..의.. 잣..나.. 무..다.."고 하였다. 어떤 선사는 "마..삼..근..", "동..산..이.. 물..위..로.. 간..다..", "판..치..생..모..", "똥..막..대..기.."라고 하였다.

부처는 반야심경에서 "색성향미촉법(色聲香味觸法) 수상행식(受想行識)이 모두 공(空)하다."고 하였고, 금강경에서 "삼라만상이 모두 허망하여 이름일 뿐이다. 만약 이와 같이 볼 수 있으면 바로 여래를 보는 것이다. 부처는 부처 아닌 것과 연기하니 그 이름이 부처다. 중생은 중생 아닌 것과 연기하니 그 이름이 중생이다(佛卽非佛 是名佛 衆生卽非衆生 是名衆生)."고 하였다.

그렇다면 색성향미촉법 수상행식이 모두 이름일 뿐으로, 한 물건도 따로 없는 것이다. 그야말로 혜능 스님의 게송처럼, 본래 한 물건도 없다 (本來無一物).

자!
있는 그대로를 일러 보라.

"뜰..앞..의.. 잣..나..무.."
"마..삼..근.."
"똥..막..대..기.."

여여(如如)한가?

31. 아공(我空) 즉 법공(法空)

대혜 법어 중 '지통 거사에게 보임' 편에서 대혜 스님은 "마음을 비우기만 하면 경계는 저절로 비워진다. 만약 마음이 이미 비워졌는데도 다시 두 번째 생각을 일으켜서 경계를 비우고자 한다면, 마음이 아직 비워지지 않은 것이니 다시 경계에 침탈당한다. 이 병을 없애지 않으면 삶과 죽음에서 벗어날 길이 없다."고 하였다. 분별인 마음이 곧 경계이기 때문이다.

방거사는 마조에게 "온 세계의 사람들이 함께 모여서, 각자 무위(無爲)를 배운다. 여기는 부처를 뽑는 과거장이니, 마음이 비게 되면 급제(及第)하여 돌아간다네."라는 게송을 보였다.

만물은 이름을 붙이기 전에는 있는 것도 아니요, 없는 것도 아니다. 이름을 얻어서 비로소 있게 되기도 하고, 없게 되기도 한다. 즉 이름을 얻은 후 이름에 해당하는 무엇이 되는 것이다. 결국 분별이 만물을 낳은 것이다.

우리는 분별을 믿다 보니 주객(主客)을 나누어, 주가 따로 있고 객이 따로 있다고 본다. 그 주(主)가 나(我)이고 마음이요, 그 객(客)이 경계요, 대상이다. 그런데 주와 객은 연기하므로, 주가 있어 객이 있고 객이 있어 주가 있다. 즉 내가 있어 대상이 있고, 대상이 있어 내가 있다. 내가 없으면 대상도 없고, 대상이 없으면 나도 없다.

이름 붙이기 전의 본래 면목을 증득하고 싶은가? 내가 있어 경계가 있다면, 내가 없으면 경계도 없을 것이다. 그래서 부처와 선지식들은 계속 "나는 없다(無我)."라고 가르친다. 결국 나라는 것은 주관이요, 이름이다. 나를 비움은 주관을 비움이요, 이름을 비움이다. 주관을 비움이며 동시에 경계를 비움이다.

분별이 강고할수록, 이름이 판칠수록, 주관이 뚜렷할수록 경계도 강고하고 뚜렷하다. 경계라는 것은 마음이 믿는 대로 나타나는 것이기 때문이다. 이름을 따르지 말라. 마음을 비워라. 내가 본래 없다고 강조하고 강조함이 그 이유이다.

자 그렇다면 마음을 따르지 말고, 이름을 따르지 말고, 분별을 따르지 말고, 가만히 말해 보라. "하..늘..이.. 맑. 습..니..다..", "뜰..앞..의.. 잣..나..무.." 이것이 선(禪)의 가르침이다. 아공(我空)이니 법공(法空)이다.

방거사가 "무위(無爲)를 배운다."고 한 것은 나를 비움이요, 마음을 비움이요, 이름을 비움이다. 비울 수 있는 것이 가능한 것은 본래 없기 때문이다. 본래 있다면 비울 수도 없는 것이다. 본래 없어서, 사실은 비울 마음이 있는 것도 아니다.

32. 일기일회(一期一會)

일기일회(一期一會)이다. 이는 "지금 이 순간은 생애 단 한 번의 시간이고, 지금 이 만남은 생애 단 한 번의 만남이다. 영겁을 두고 어떤 일도 반복되는 일이 없다."는 뜻이다.

그런데 실상 우리의 삶은 어떤가? 어제의 아침이 오늘의 아침이고 어제의 직장이 오늘의 직장이고 어제의 저녁이 오늘의 저녁이지 않은가? 어제가 오늘이고 오늘이 내일이지 않은가? 어제의 태양이 오늘의 태양이고 또 내일의 태양이지 않은가? 어제의 남편이 오늘의 남편이고 또 내일의 남편이지 않은가? 어제의 아내가 오늘의 아내이고 또 내일의 아내이지 않은가? 어제의 친구가 오늘의 친구이고 또 내일의 친구이지 않은가?

어제도 오늘도 내일도 반복일 뿐이다. 반복은 모든 것을 헌것으로 만든다. 반복은 지루함이요, 따분함이다.

사람들은 지루함을 견디지 못한다. 지루함 따분함으로부터 탈피하여 새로워지려 한다. 그래서 유행하는 패션에 동참하여 지루함으로부터 도망가려 한다. 일상의 따분함을 피해 여행을 떠난다.

오늘도 똑같은 배우자로부터 도망하여 새로운 상대를 찾는다. 새로운 지식에 도전하여 변신을 시도한다. 어찌 보면 인생이라는 것이 지루함으로부터 도망의 연속이다. 세상의 모든 상업 시설들은 우리가 지루함으로부터 탈출할 수 있도록 피난처를 제공해 준다.

우리의 삶을 헌것으로 만드는 주범은 무엇일까? 어제의 배우자가 오늘의 배우자이고 또 내일의 배우자일 뿐으로 만드는 주범은 이름이다. 이름은 동일성을 부여한다. 그래서 어제의 배우자가 오늘의 배우자이고 내일의 배우자가 된다. 이름이 붙여지면, 이제부터는 이름이 실재를 대신한다. 일기일회(一期一會)의 실상을 이름이 가려 버린다.

부처는 금강경에서 "부처는 부처가 아니라 그 이름이 부처다."라고 하였다. 이름에 해당하는 어떤 사물이 따로 있는 것이 아니다. 그저 이름일 뿐이다.

이름일 뿐인데도, 사람들은 이름에 해당하는 물건이 따로 있다고 고집하며, 이름으로 세상을 보려 한다.

이름이 실재를 대신한다. 이름은 고정된 것이다. 이름은 마치 사진과 같아서, 살아 있는 것이 아니다. 이름 때문에 우리의 일상이 헌 것이 되고, 따분해지고, 지루해진다.

부처는 금강경에서 "이름 붙여진 모든 것은 허망하다. 그 이름에 해당하는 것이 따로 없음을 보면, 있는 그대로의 실상을 본다."고 하였다. 이름만 따르지 않으면, 모든 것이 일기일회여서 순간순간 새로울 뿐이다.

이름은 분별이다. 분별만 따르지 않으면, 우리의 일상이 하나같이 천지미분전(天地未分前)이고 말씀 이전의 구절(最初句)이다.

천지미분전이고 최초구이니, 일상이 모두 일기일회(一期一會)이다. 우리의 일상이 "뜰.. 앞.. 의.. 잣.. 나.. 무.."로 가득하다.

33. 본래 청정하여 오염된 바 없다

과거 현재 미래의 시공간과 그 시공간 속의 만물이 모두 지금 여기 일이다. 과거의 몸과 마음이 지금 여기 일이요, 현재의 몸과 마음이 지금 여기 일이요, 미래의 몸과 마음이 지금 여기 일이다.

지금 여기라고 하나, 이는 시공간에서 말하는 지금 여기는 아니다. "백자나 되는 높은 장대 위에서 한 걸음 더 나아간다(百尺竿頭 進一步)."는 말이 있다. 지금 여기는, 백척간두에서 한 발 더 나간 자리이다.

지금 여기는 주객합일(主客合一)로, 앎과 그 내용으로 이루어진 각(覺)일 뿐이다. 각이라 함도 부득이한 방편의 말이다. 여기서 말하는 앎과 그 내용이라는 것은, 무상하여 찰나에 생기고 찰나에 없어지는 거울 속의 영상일 뿐이다.

지금 여기 일은 시공간 너머에 있어, 모양이 없고 위치가 없으며 알 수가 없는 여여(如如)한 자리다. 그러나 이것은 우리의 일상인 견문각지 어묵동정 행주좌와 어느 순간에도 소외된 적이 없어, 만물 어느 것도 이로 말미암지 않은 것이 없다.

과거 현재 미래의 시공간과 그 안에 있는 만물이, 모두 지금 여기 일인 각일 뿐이다. 비유하자면 마치 거울에 비추어진 영상과 같아, 거울이자 영상이고 영상이자 거울이지만, 그 비추어진 영상이 거울을 물들일 수 없듯이, 한결같이 여여한 이 자리는 어떤 모양에도 물들지 않는다.

모든 일이 지금 여기 일이다. 밝음이 오면 밝음을 비추고 어둠이 오면 어둠을 비추나, 밝음과 어둠에 물들지 않는다. 아무리 밝아도 이것을 드러내지 못하고, 아무리 어두워도 이것을 감추지 못한다.

기쁨이 오면 기쁨을 비추고 슬픔이 오면 슬픔을 비추나, 기쁨과 슬픔에 물들지 않는다. 기쁨과 슬픔을 두고 취사하지 않으니, 언제나 한결같이 여여하다. 괴로움이 오면 괴로움을 비추고 즐거움이 오면 즐거움을 비추나, 결코 이들에 물들지 않는다. 괴로움과 즐거움을 두고 취사하지 않고, 그저 묵묵히 살아 낼 뿐이다.

명예가 오면 명예를 비추어 내고 욕됨이 오면 욕됨을 비추어 내나, 결코 영욕에 물들지 않는다. 명예와 욕됨을 두고 취사하지 않으니, 영욕에 언제나 한가하다. 생사를 그대로 비추어 내나, 생사에 물들지 않는다. 생도 고집하지 아니하고 사도 고집하지 않아, 그저 인연에 따를 뿐이다.

육도윤회를 돌고 돌아 언제나 비추어 낼 뿐, 천국에도 지옥에도 물들

영원한 지금

지 않는다. 천국이 천국이 아니요, 지옥이 지옥이 아닌 그 이름일 뿐이어서, 천국과 지옥을 취사하지 않는다.

마치 장맛비가 아무리 사나워도 허공을 적시지 못하듯이, 이것은 물속에서도 젖지 않고 불속에서도 타지 않는다.

이것은 만상(萬象)과 함께 하지만, 만상에 물들지 않고 언제나 새롭다. 만상은 지나가는 손님이나, 이것은 늘 지금 여기 주인이다. 우주가 시작된 이래로 셀 수 없이 많은 세상이 오고 갔지만, 언제나 청정하여 티끌 한 점 흔적이 없다.

온 세상이 생사·유무·선악·시비·미추·빈부·우열·고하·귀천 등으로 가득찼다고 하나, 이들은 본래 실체가 없는 이름일 뿐이니, 이 세상 그대로가 열반이지 않는가? 세상은 언제나 청정하여 둘이 아닌 열반이다. 본래 구제하여야 할 세상은 애당초 없는 것이다. 자! 세상을 구한다고 분주할 것이 아니라, 분별에서 벗어난 안목을 갖추는 것이 급하지 않는가?

34. 모든 것이 허망하다(皆是虛妄)

꿈이로다!

꿈이로다!

시공간을 두고 세상이라 하지만, 걸음마다 새 세상이고, 촌음(寸陰)마다 다른 세상이니, 어찌 세상을 두고, 따로 있다 할 것인가?

색성향미촉법(色聲香味觸法)의 세상도, 수상행식(受想行識)의 세상도, 걸음마다 새롭고 촌음마다 다르니, 어찌 만물(萬物)을 두고, 따로 있다 할 것인가?

과거 현재 미래의 세상도 이름일 뿐이고 동서남북, 상하좌우의 세상도 이름일 뿐이요, 색성향미촉법의 세상도, 수상행식의 세상도 이름일 뿐이니, 모두 허망하고 허망할 뿐이다.

한 물건도 따로 없으니, 과거, 현재, 미래의 세상이 모두 지금 여기 일이요, 동서남북, 상하좌우의 세상이 모두 지금 여기 일이니, 너 없는 나만이 홀로 드러나는구나!

이를 두고 석가는 "천상천하에 오직 이것(覺)만이 존귀하다(天上天下唯我獨尊)."고 하였다.

본래면목(本來面目)을 알고 싶은가? 모두 허망하고 꿈속 일이라면, "꿈..이..로..다.. 꿈..이..로..다.."는 또 무슨 일인가?

허망한 말도, 모양도 따르지 않아, 한 물건도 따로 두지 않는다면, 모양마다 여래(如來)요, 말씀마다 여래이네!

35. 너는 누구냐?

어떤 여자가 중병에 걸려 한동안 무의식 상태에 빠져 있었다. 이 세상과 저 세상의 경계선을 방황하고 있는데, 갑자기 몸이 위로 붕 뜨는 것 같은 느낌이 들었다. 딱히 설명할 수는 없지만 그녀는 자신이 하느님 앞에 서 있다고 확신했다. 모습은 보이지 않고 어디선가 근엄하면서도 온화한 목소리만 들렸다.

"너는 누구냐?"
"저는 쿠퍼 부인입니다. 시장의 안사람이지요."
"나는 네가 누구의 부인이냐고 묻지 않았다."

목소리가 다시 엄숙한 어조로 말했다.
"너는 누구냐?"
"저는 제니와 피터의 엄마입니다."
"나는 네가 누구의 엄마냐고 묻지 않았다. 너는 누구냐?"
"저는 선생입니다. 초등학교 학생들을 가르칩니다."
"나는 너의 직업을 묻지 않았다. 너는 누구냐?"

목소리와 여자는 묻고 대답하기를 계속했다. 그러나 여자가 무슨 말을 하든지, 목소리의 주인을 만족시키지 못했다.

목소리가 다시 물었다.
"너는 누구냐?"
여자가 대답했다. "저는 기독교인입니다."
"나는 네 종교를 묻지 않았다. 너는 누구냐?"
"저는 남편을 잘 내조했으며 학생들을 열심히 가르쳤습니다."
"나는 네가 무엇을 했는지를 묻지 않았다. 너는 누구냐?"

결국 여자는 시험에 실패한 모양이었다. 다시 이 세상으로 보내졌기 때문이다. 병이 나은 다음, 그녀의 삶은 많이 달라졌다.

… 중략(中略) …

토머스 머튼이라는 신학자는 "이 세상에서 오직 하나의 참된 기쁨은 진정한 자신을 발견하는 것이고, 자기라는 감옥에서 빠져나오는 것이다."라고 말했다.

그러나 나는 아직도 창살 없는 그 감옥에 나를 가두고, 온갖 타이틀만 더덕더덕 몸에 붙인 채, 아직도 내가 누군지 모르고 살아가고 있다.

이상은 고(故) 장영희 교수의 수필집『살아온 기적 살아갈 기적』중

"너는 누구냐?"의 일부이다.

위의 질문과 대답을 좀 더 진행시켜 보자. 목소리는 다시 물었다.

"너는 누구냐?"
"저의 몸입니다."
"네 말대로라면 너는 몸이 네 것이라고 하는 것 아니냐? 나는 네가 무엇을 소유하는가를 묻지 않았다. 너는 누구냐?"

"저의 마음입니다."
"마음 역시 너의 것이라는 것 아니냐? 나는 네가 무슨 생각을 하는지, 너의 느낌이 무엇인지, 너의 감정이 무엇인지를 묻지 않았다. 너는 누구냐?"

"몸과 마음입니다."
"같은 대답이다. 네가 말하는 몸이나 마음이라는 것은 끊임없이 변해 간다. 과거의 몸과 마음은 찾을 수 없고, 현재의 몸과 마음은 잡을 수 없으며, 미래의 몸과 마음은 아직 오지도 않았다. 그런데 어떻게 몸과 마음이 너라고 할 수 있겠느냐? 너는 누구냐?"

몸과 마음까지도 아니라니, 도대체 이 세상 어느 것이 나일 수 있겠는가? 그녀는 이제 한 생각도 진전시킬 수 없게 되었다. 온통 장벽뿐이어서 어느 한곳 탈출구가 없었다. 답답하고 답답했다.

영원한 지금

그때 문득, "너..는.. 누..구..냐..?"가 있었다. 주관인 나도 아닌, 대상인 목소리도 아닌 "너..는.. 누..구..냐..?" 뿐이다. 그 후 목소리는 다시 찾아오지 않았다.

십 년이 지난 어느 날, 나는 그녀를 다시 만날 수 있었다. 내가 물었다. "당신은 누구입니까?"

그녀는 대답했다.

"저..는.. 쿠..퍼..의.. 아..내..이..고.. 제..니..와.. 피..터..의.. 엄..마.. 이..며.. 기..독..교..인.. 입..니..다.."

36. 만법무자성(萬法無自性)

여기 한 덩어리의 금이 있다. 이 금이 가지고 있는 성질, 속성은 무엇일까? ① 색이 누렇다. ② 비교적 단단하다. ③ 값이 비싸다. ④ 귀하다. ⑤ 반짝인다.

금의 이러한 속성들은, 금이 가지고 있는 고유의 성품인가? 금은 이들을 자기의 고유한 성품이라고 주장한 바 없다. 그렇다면 이러한 속성들은 금의 일이 아니라, 지금 여기 내 일일 뿐이다. 이러한 속성들이 금 고유의 성품이 아니라, 모두 지금 여기 내 일임을 알았다. 모두 지금 여기 내 일이다.

성경의 요한복음은 "태초에 말씀이 계시니라. 이 말씀이 하나님과 함께하시니 이 말씀이 곧 하나님이더라. 그가 태초에 하나님과 함께하셨고 만물이 그로 말미암아 지은 바 되었으니, 지은 것 어느 하나도 그가 없이 된 것이 없느니라. 그 안에 생명이 있었으니 이 생명은 사람들의 빛이라."고 하였다.

하나님과 함께하는 이 말씀이 곧 하나님이다. 나의 본래면목을 묻는 제자에게, 조주는 "뜰..앞..의.. 잣..나..무..다.."고 하였고, 운문은 "똥.. 닦..는.. 막..대..기..다.."고 하였으니, 이것이 바로 하나님과 함께하는 말씀으로 부모미생전(父母未生前)의 본래면목(本來面目)이다.

여기 말씀이 모양(色聲香味觸法 受想行識)에 머물러, 하나님 말씀을 떠나 만물로 태어나니, 이렇게 생긴 만물은 생명을 잃은 실체가 없는 이름일 뿐이다.

이를 두고 부처는 금강경에서 "삼라만상이 모두 허망하여 이름일 뿐이다. 만약 이와 같이 볼 수 있으면, 바로 여래를 보는 것이다. 일체 만물은 꿈같고 환상 같고 거품 같고 그림자 같고 이슬 같고 번갯불 같으니 마땅히 이와 같이 볼 것이다."고 하였다. 이를 두고 선가에서는 "삼라만상은 고유한 성품이 없다(萬法無自性)."고 하였다.

분별인 이름이 모양을 만나 만물로 태어나기 전인 상태, 즉 이름 이전의 모양(色聲香味觸法 受想行識)이 하나님과 함께하니, 모양이 하나님이다.

바꾸어 말하면 모든 속성(분별, 이름)을 걷어 낸 상태, 즉 이름 이전의 모양(色聲香味觸法 受想行識)이 하나님이다. 그 일체의 모양이 하나님과 함께하니, 주객합일의 "색즉시공 공즉시색"으로, 둘이 아닌 불이(不二)다.

주객미분(主客未分)의 나의 본래면목을 묻는 질문에, 선사들은 주장자나 손가락을 들어 보이는 방법으로, 이 주객미분인 나의 본래면목인 각(覺)을 보여 주었다.

비유하자면 거울 속의 영상과 같이, 거울과 영상으로 나눌 수 없는, 실재인 주객미분(主客未分)의 각(覺)을 보여 주었다.

소를 길들이다
(牧牛)

지금 여기 일
깨달음인 각(覺)에 익숙해 가고

저기 일
만물(萬物)에 낯설어 간다.

37. 한 생명(生命)

우리가 마음 또는 눈이라고 이름 지은 대기대용(大機大用)의 한 생명 (生命)은, 모양도 없고 찾을 수도 없고 알 수도 없다. 이것은 선가에서 말하는 무상(無相) 무주(無住) 무념(無念)으로, 이름 지을 수 없는 분별 이전의 있는 그대로의 실재다. 여기서 대기대용의 한 생명(生命)이라 지칭하였으나 이는 부득이한 방편으로 사용한 이름으로, 있다 할 수도 없고, 없다 할 수도 없는, 있는 그대로의 실재를 말한다.

분별 이전인 대기대용의 한 생명은, 분별인 이름을 통하여 태어나는 과거 현재 미래, 동서남북, 상하좌우의 시공간과 무관하다. 그 시공간 개념으로는 파악할 수 없다. 그렇다고 하여 이들을 떠나, 따로 있는 것도 아니다. 안에도 없고 밖에도 없으나, "안..이..다.."가 있는 그대로이고, "밖..이..다.."가 있는 그대로이다.

이 대기대용의 한 생명은, 우리의 일상인 보고 듣고 느끼고 아는 과정에서 색성향미촉법 수상행식에 의지하여 드러나니, 이들과 둘이 아니다.

그래서 부처는 반야심경에서 "모양(色)이 마음(心)이고 마음(心)이 모양(色)이니, 이들은 둘이 아닌 마음일 뿐이다. 느낌(受), 생각(想), 의지(行), 의식(識)도 역시 둘이 아닌 마음일 뿐이다."고 하였다.

무상 무주 무념인 대기대용의 한 생명이 있을 뿐, 한 물건도 따로 없다. 과거 현재 미래, 동서남북, 상하좌우의 시공간이나 그 시공간을 채우고 있는 만물은, 모두 분별인 이름으로 말미암아 태어난 것들로, 그야말로 실체가 없는 이름이요, 이미지일 뿐이다. 만물은 모양이 있고 위치가 있고 알 수도 있지만, 이름이요, 이미지일 뿐으로, 그 실체가 없어 있는 듯 없다.

우리의 몸 역시 분별로 인하여 태어난 것으로 예외일 수가 없다. 즉 우리의 몸도 시공간적 존재일 뿐이다. 시공간이 그러하듯이, 몸 역시 분별의 산물로 그저 이름일 뿐, 실체가 없어 있는 듯 없는 것이다.

이를 두고 부처는 금강경에서 "일체 만물은 꿈같고 환상 같고 거품 같고 그림자 같고 이슬 같고 번갯불 같으니 마땅히 이와 같이 볼 것이다. 삼라만상은 모두 허망하여 이름일 뿐이다. 만약 이와 같이 볼 수 있으면, 바로 여래를 보는 것이다."고 하였다. 즉 시공간과 일체 만물이 실체가 없는 이름일 뿐이라면, 무상(無相), 무주(無住), 무념(無念)인 대기대용의 한 생명뿐이니, 즉시 여래를 볼 수 있다는 것이다.

대기대용의 한 생명은, 지금 여기 보고 듣고 느끼고 알고 말하고 침묵

120

하고 움직이고 멈추는 순간순간 드러나고 있다. 이 견문각지 어묵동정 행주좌와가 누구의 일인가? 만물 중 하나인 나와 너의 일인가? 아니면 여기 대기대용의 한 생명의 일인가?

한 생명(生命)이라 함도 이름일 뿐이니, 그저 행위의 주체도, 대상도 없는 자연 그대로이어서, 부득이 이름을 붙인다면 그저 순간순간 각(覺)일 뿐이다.

선사들은 우리의 본래면목인 대기대용의 한 생명을 묻는 질문에 주장자를 들어 보이기도 하고 눈을 찡긋거리기도 하고 발로 차기도 하고 "할"과 "방"을 하기도 하고 "뜰.. 앞..의.. 잣..나..무.."라고 하였으니, 모두 대기대용의 한 생명인 각(覺)을 보여 준 것이다. 이뿐이겠는가? 우리의 일상이 모두 그렇다. 자! 어디에 발을 딛고 살 것인가?

이미 "삼라만상에는 고유한 성품이 없다(萬法無自性)."고 했다. 그런데 그 실체가 없어 이름일 뿐인 시공간이나 만물에 발을 딛고 거기에 의지하여 살 것인가? 대기대용의 한 생명인 지금 여기에 발을 딛고 살 것인가?

이 대기대용의 한 생명은, 고금을 통하여 지금 여기일 뿐이니 시공간이 끊어진 자리로, 멀리 윤회를 벗어났다. 윤회는 시공간이 실재한다고 망상할 때만 있을 수 있기 때문이다. 그러나 알고 보면 그 망상도 지금 여기 일이지 않는가?

분별만 따르지 않으면, 모두 지금 여기 일이다. 행위 주체도, 객체도 없는 여여(如如)한 스스로 그러한, 자연 그대로의 각(覺)일 뿐이다.

38. 무상(無常)

변하지 않는 것이 어디 있겠는가? 그래서 "만물을 두고는 성주괴공(成住壞空)하고, 몸을 두고는 생로병사(生老病死)하고, 마음을 두고는 생주이멸(生住異滅)한다."고 하였다.

한순간도 머물지 않고 변한다는 것은, 그것이 무상(無常)하여 고유한 자성이 없기 때문이고, 실체가 없는 이름일 뿐이기 때문이다.

이를 두고 부처는 금강경에서 "과거의 마음도, 현재의 마음도, 미래의 마음도 얻을 수 없다(過去心不可得 現在心不可得 未來心不可得)."고 하였다.

즉 과거의 마음이 따로 있지 아니하고, 현재의 마음도 따로 있지 아니하고, 미래의 마음도 따로 있지 않아, 얻을 수 있는 것이 아니다. 즉 "실체가 없는 이름일 뿐이다."는 것이다.

이는 과거의 시공간과 몸·마음 등 일체 만물, 현재의 시공간과 몸·마음 등 일체 만물, 미래의 시공간과 몸·마음 등 일체 만물이 실체가 없는 이름일 뿐으로, 실재하지 않아 얻을 수 없다는 것이다.

부처는 금강경에서 다시 "삼라만상이 모두 허망하여 이름일 뿐이다. 만약 이와 같이 볼 수 있으면 바로 여래를 보는 것이다. 일체 만물은 꿈 같고 환상 같고 거품 같고 그림자 같고 이슬 같고 번갯불 같으니 마땅히 이와 같이 볼 것이다."고 하였다. 육조 혜능은 "본래 한 물건도 없다(本來無一物)."고 하였다.

본래 한 물건도 없다. 한 물건도 없어 보는 자도 보여지는 대상도, 듣는 자도 들려지는 대상도, 말하는 자도 말하여지는 말도 없다. 한 물건도 없으니, 보고 듣고 말함에 주체도 객체도 따로 없다. 그런데 행위자가 없다면, 보고 듣고 말하는 이 일은 무엇인가? 여기 보고 듣고 말하는 지금 여기 일에 계합함을 두고, 즉견여래(卽見如來) 또는 견성이라 한다.

한 물건도 없음이니, 일체 만물은 거북이 털이요, 토끼 뿔이다. 거북이 털이나 토끼 뿔은 이름일 뿐으로, 실재하지 않는다. 모든 만물이 지금 여기 일이지, 저기 일은 아니다. 동서남북이 지금 여기 일이요, 과거 현재 미래가 지금 여기 일이요, 이를 바탕으로 한 만물이 지금 여기 일이다. 지금 여기 일은 부정할 수 없는 실재이나 시공간적인 저기 일은 모두 이름일 뿐이다.

"토..끼..뿔.."과 "거..북..이..털.."은 긍정도 부정도 허용이 안 되는, 손을 댈 수 없는 실재이다. "토..끼..뿔.."과 "거..북..이..털.."은 그 어떤 것도 아닌 실재로 여여(如如)하다. 이것이 부모미생전(父母未生前)의 내 본래면목이요, 이것을 부처, 마음, 눈(目), 법(法), 깨달음(覺), 진리라고 하였다.

주와 객으로 나누어진 모양은 순간순간 끊임없이 바뀌지만, 주(主)도 없고 객(客)도 없이 보고 듣고 말할 때에는, 모양의 끊어짐이 없고 눈도 끊어짐이 없다. 일체가 여여(如如)하다.

한 물건도 없으나 "토..끼..뿔.."과 "거..북..이..털.."은 실재하니, "토..끼..뿔.."이 전존재(全存在)이고, "거..북..이..털.."이 전존재(全存在)이다.

39. 마음이 가난한 자는 복(福)이 있나니

예수는 마태복음에서 "마음이 가난한 자는 복이 있나니 천국(天國)이 너의 것이라."고 하였다. 마음이 가난한 자를 말한다면, 태어나서 얼마 되지 않은 어린 아기를 들 수 있다.

어린 아기는 아직 분별심인 정식(情識)이 자리 잡기 전이어서, 오직 모를 뿐 아는 것이 전혀 없다. 그러므로 아기는 하늘이 보이면 하늘 아닌 하늘로 존재하고, 산이 보이면 산이 아닌 산으로 존재하고, 소리가 들리면 소리가 아닌 소리로 존재하고, 생각이 일어난다면 생각이 아닌 생각으로 존재한다.

아기는 "뜰..앞..의.. 잣..나..무.."를 들으면, 그것이 말인 줄도 모르고 소리인 줄도 모르고 그 뜻도 역시 모른다. 그러므로 아기는 말도, 소리도, 뜻도 아닌 "뜰..앞..의.. 잣..나..무.."로 존재하는 것이다.

"뜰..앞..의.. 잣..나..무.."뿐이겠는가? 모든 말이 이와 같다. 주객미분 (主客未分)으로 거기에는 나도 없고 대상도 따로 없다. 모든 존재는 둘이 아닌 불이(不二)로, 모두 지금 여기 일이다. 지금 여기 일에는 우리를 힘들게 하는 비교와 갈등이 있을 수 없어, 근심도 두려움도 따로 없다. 정녕 천국이 그 어린 아기의 것이 아니겠는가?

아기는 성장하면서 지식을 받아들이고 분별심인 정식을 갖게 되면서, 나를 세우고 대상을 세우며 주객을 나누어, 내가 실제로 따로 존재한다고 생각하게 된다. 그는 시비·선악·우열 등 비교와 갈등 속에 살게 되면서 천국을 잃게 된다. 천국을 잃었다고 하지만, 진실로 지금 여기를 떠나 따로 사는 것은 아니다. 다만 그는 분별심을 따르다 보니, 불이인 지금 여기가 아닌 만물(萬物) 중 하나로 산다고 망상(妄想)할 뿐이다. 다만 망상일 뿐, 누구나 지금 여기를 떠나 따로 살 수는 없다.

삼라만상은 그 고유한 성품이 없다(萬法無自性). 만법은 독자적인 성품이 없어서 모두 지금 여기 일일 뿐, 만법 자체의 일은 하나도 없다.

이를 두고 부처는 금강경에서 "삼라만상이 모두 허망하여 이름일 뿐이다. 만약 이와 같이 볼 수 있으면 바로 여래를 보는 것이다. 일체 만물은 꿈같고 환상 같고 거품 같고 그림자 같고 이슬 같고 번갯불 같으니 마땅히 이와 같이 볼 것이다."고 하였다.

만법에 대한 장단·경중·미추·선악·유무 등 모든 분별은 지금 여기 일이지, 저기 일은 하나도 없다. 혜능의 가르침대로 본래 한 물건도 없다.

그래서 부처는 금강경에서 "마땅히 머무는 바 없이 그 마음을 내라(應無所住 而生其心)."고 하였다. 선가에서는 "흙덩이를 던지면 개는 흙덩이를 쫓아가지만, 사자는 그 흙덩이에 속지 않고 그것을 던진 사람을 문다(韓獹逐塊 獅子咬人)."고 하였다. 즉 말과 모양을 따르면 중생이고, 말과 모양을 따르지 않으면 보살이다.

본래 한 물건도 없어서, 실은 머물 곳도 없고 쫓아갈 물건도 없다. 만법이 모두 허망하여 한 물건도 없으나, 우리는 보는 바 없이 보고, 듣는 바 없이 듣고, 생각하는 바 없이 생각하고, 말하는 바 없이 말한다.

이것이 주객합일의 있는 그대로이고, 틈이 없는 주객합일의 내 본래면목이다. 이 주객합일의 우리 본래면목은 크고 작음을 넘어서 있어, 우리는 그 크기를 가늠할 수 없다. 언제나 전존재(全存在)로 통째이다.

　　　　　　　　　　　　　　　　　　　　영원한 지금

40. 나..는.. 누..구..인..가..?

나는 누구인가?

안에서도 찾지 말고 밖에서도 찾지 말고 중간에서도 찾지 말라.

나는 누구인가?

과거에서도 찾지 말고 현재에서도 찾지 말고 미래에서도 찾지 말라.

나는 누구인가?

밝은 곳에서도 찾지 말고 어두운 곳에서도 찾지 말라.

나는 누구인가?

소란한 곳에서도 찾지 말고 고요한 곳에서도 찾지 말라.

나는 누구인가?

말에서도 찾지 말고 침묵에서도 찾지 말라.

나는 누구인가?

있음에서도 찾지 말고 없음에서도 찾지 말라.

나는 누구인가?
아는 것에서도 찾지 말고 모르는 것에서도 찾지 말라.

이들은 모두 볼 수 있고 알 수 있는 것들로 모두 대상들인데,
어찌 이들이 나일 수가 있겠는가?

그러면 볼 수도 없고 알 수도 없는 것으로 대상이 아닌 것은 무엇인가?
사물을 바라보라!

자! 볼 수도 없고 알 수도 없는 것으로 대상이 아닌 것은 무엇인가? 소
리를 들어 보라!

자! 볼 수도 없고 알 수도 없는 것으로 대상이 아닌 것은 무엇인가? 떠
들어 보라!

자! 볼 수도 없고 알 수도 없는 것으로 대상이 아닌 것은 무엇인가? 도
대체 볼 수 있고 알 수 있는 시공간 어디에서도, 삼라만상 어디에서도 나
를 찾을 길이 없다.

그렇다면 "도..대..체.. 시..공..간.. 어..디..에..서..도.. 삼..라..
만..상.. 어..디..에..서..도... 나..를.. 찾..을.. 길..이.. 없..다."는 무엇

130

이란 말인가?

"안..에..서..도.. 찾..지.. 말..고.. 밖..에..서..도.. 찾..지.. 말..고.. 중..간..에..서..도.. 찾..지.. 말..라.."는 무엇이란 말인가?

"과..거..에..서..도.. 찾..지.. 말..고.. 현..재..에..서..도.. 찾..지.. 말..고.. 미..래..에..서..도.. 찾..지.. 말..라.."는 무엇이란 말인가?

"밝..은.. 곳..에..서..도.. 찾..지.. 말..고.. 어..두...운.. 곳..에..서..도.. 찾..지.. 말..라.."는 무엇이란 말인가?

"소..란..한.. 곳..에..서..도.. 찾..지.. 말..고.. 고..요..한.. 곳..에..서..도.. 찾..지.. 말..라.."는 무엇이란 말인가?

"말..에..서..도.. 찾..지.. 말..고.. 침..묵..에..서..도.. 찾..지.. 말..라.."는 무엇이란 말인가?

"있..음..에..서..도.. 찾..지.. 말..고.. 없..음..에..서..도.. 찾..지.. 말..라.."는 무엇이란 말인가?

"아..는.. 것..에..서..도.. 찾..지.. 말..고.. 모..르..는.. 것..에..서..도.. 찾..지.. 말..라.."는 무엇이란 말인가?

이뿐으로, 달리 어디서 나(眞我)를 찾겠는가? 주객합일의 불이(不二)이니, 여기에는 주(主)도 따로 없고 객(客)도 따로 없다. 주(主)도 알 수 있고 볼 수 있는 대상이요, 객(客)도 알 수 있고 볼 수 있는 대상이니, 주객합일의 불이를 떠난 만물은 실로 실체가 없는 이름일 뿐이다. 주(主)아니면 객(客)인 삼라만상(森羅萬象)은, 모두가 실체가 없는 이름일 뿐이다.

부처는 금강경에서 "일체 만물은 꿈같고 환상 같고 거품 같고 그림자 같고 이슬 같고 번갯불 같으니 마땅히 이와 같이 볼 것이다."고 하였다.

그런데 일체 만물이 꿈임을 깨달았다고 하여, 꿈 밖에 깨달은 세계가 따로 있는 것은 아니다. 비록 우리가 만물이 각기 따로따로 존재한다고 착각하며 살아왔으나, 실제로는 언제나 깨달음으로 살아왔기 때문이다. 착각에서 벗어났을 뿐, 꿈속에 있을 때나 현실에 있을 때나 한결같이 깨달음뿐이다.

이제는 꿈은 꿈이 아니라 그 이름이 꿈이요, 현실은 현실이 아니라 그 이름이 현실이다. 꿈과 현실이 모두 깨달음이니, 한결같이 살아 있는 실재다. 지금 여기는 나도 없고 너도 없어, 도무지 한 물건도 없다.

41. 촉목보리(觸目菩提)

눈에 닿는 것마다 깨달음이다(觸目菩提). 눈이라는 것이 따로 있어 모양이 있는 것도 아니고, 눈이라는 것이 따로 있어 찾을 수 있는 것은 아니지만, 색성향미촉법(色聲香味觸法) 등 모양을 통하여 모두 지금 여기 일인 각(覺)이 드러난다. 여기서 말하는 각은, 주객미분(主客未分)의 것으로 이름 짓기 이전이다.

그런데 깨달음(覺)이라고 하는 것도 이름이므로, 입을 열자마자 어긋난다(開口卽錯). 그런데 말 외에 적당한 방편이 없어 각(覺), 깨달음이란 단어를 사용함은 부득이한 일이다. 각은 그야말로 주객미분의 둘이 아닌 불이(不二)의 통째로서, 혜능이 말한 무상(無相), 무주(無住), 무념(無念)이다.

그 각(覺)은 언어 이전의 언어로, 언어로 말미암아 생긴 주관적인 것이나 객관적인 만물과 달리, 스스로 그러한 것으로 자연(自然)이다. 자연에 대해 노자는 도덕경에서 "사람은 땅을 본받고 땅은 하늘을 본받고 하늘은 섭리를 본받고 섭리는 자연을 본받는다(人法地 地法天 天法道 道

法自然)."고 하였다. 즉 만법은 결국 자연으로 귀일되는데, 그 자연이 바로 있는 그대로인 지금 여기 일(一)이다.

자연은 마지막 진실이어서 스스로 그러할 뿐으로, 더 이상의 원인자(原因者)는 없다. 자연은 이름 짓기 전으로, 말로 담아 전할 길이 없다. 그래서 선가에서는 주장자를 들어 올린다던가, 죽비로 책상을 두드리는 것으로 촉목보리(觸目菩提)인 각을 보여 주었다.

이 둘이 아닌 불이(不二)의 각에 분별이 들어서면서 둘로, 만물로 나누어진다. 분별이 주객을 나누고, 그 주객이 다시 만물을 나눈다. 그러므로 만물은 스스로 존재하는 것이 아니라 분별을 만나 생기므로, 스스로의 자성(自性)이 없다. 즉 만물은 실체가 없는 이름일 뿐이다.

이를 두고 부처는 금강경에서 "삼라만상이 모두 허망하여 이름일 뿐이다. 만약 이와 같이 볼 수 있으면 바로 여래를 보는 것이다. 일체 만물은 꿈같고 환상 같고 거품 같고 그림자 같고 이슬 같고 번갯불 같으니 마땅히 이와 같이 볼 것이다."고 하였다.

이와 같이 만물을 그림자로 볼 수 있으면, 바로 여래를 본다고 하지 않는가? 분별 이전의 각만이 홀로 드러나지 않는가? 각(一)은 무엇인가? 주장자를 들어 보임이요, 죽비로 책상을 두들김이요, "뜰.. 앞.. 의.. .잣.. 나..무.."이다.

진실로 생사(生死)가 따로 없는가? 앞에서 말한 스스로 그러한 것인 자연은 분별 이전으로, 거기에는 주객(主客)이 따로 없다. 모양으로 인하여 드러나는 각은, 거기에 주체가 없다. 주체가 있어 보려고 해서 보이는 것이 아니고, 주체가 있어 듣고자 해서 들리는 것도 아니다.

그저 스스로 그러한 것이다.

그러나 주객으로 나누어진 후의 나(我相)는 분별로 말미암아 생긴 것으로, 그야말로 이름일 뿐이고 실체가 없다. 그 내(我相)가 사라진다고 해서, 내가 생기기 전의 스스로 그러한 자연(自然)이 사라지는 것은 아니다.

우리는 몸이나 마음을 나(我相)라고 알고 산다. 그런데 그 몸은 주객으로 나누어진 후의 몸이요, 그 마음은 주객으로 나누어진 후의 마음이다. 그러므로 몸이 사라진다고 해서 불이인 각이 사라지는 것이 아니고, 마음인 의식이 사라진다 해서 스스로 그러한 각이 사라지는 것은 아니다. 스스로 그러한 불이의 각(覺)은 이름 짓기 이전으로, 기억될 수가 없다. 우리가 알고 기억하는 것은 분별인 이름과 분별식인 의식(意識)뿐이다.

활짝 깨어 있을 뿐, 거기에 어떤 앎과 지식, 기억은 없다. 분별식인 꿈은 기억되어도, 의식까지 쉬고 있는 깊은 잠은 기억되지 않지 않는가?

오직 불이의 각일 뿐이고, 분별이 나누어 놓은 이름뿐인 생사가 실재하지 않는다고 깨달았다고 해서, 죽음을 눈앞에 둔 실제 상황에서 과연 무심(無心)할 수 있는가?

깨달음은 비로소 길을 발견하였다는 것뿐이다. 이제 공부할 수 있을 뿐이다. 각(覺) 이전은 단지 헤매는 것뿐이다. 공부라고 할 수도 없고 수행이라고 할 수도 없다. 길을 모르는데 어찌 공부라 할 수 있고 수행이라 할 수 있겠는가?

죽음 앞에서 무심하려면, 끊임없는 향상일로(向上一路)의 탁마(琢磨)를 해야 한다. 이것이 선가에서 말하는 보임(保任)이다.

때로는 도반끼리, 때로는 스승과 함께 설법이나 어록을 통하여 그 불이를 확인(頓悟頓修)하고 그 불이에 낮익어 가는(漸修) 힘을 길러야 한다.

42. 무위(無爲)의 공덕(功德)

석가의 가르침은 "존재의 있는 그대로의 실상이 둘이 아니다(不二)."
라는 것이다. 노자는 도덕경에서 "무명(無名)은 천지의 시작이요(天地之
始), 유명(有名)은 만물의 어머니다(萬物之母)."라고 하여 그 가르침을
같이 하고 있다.

둘이 아니므로(不二), 그 있는 그대로의 실재는 알 수가 없다. 언어도
단(言語道斷)의 자리요, 불가사의(不可思議)한 자리다. 그것은 이름 지
어지자마자 주객으로, 만물로 나누어지기 때문에, 이름으로는 알 수가
없다.

따라서 우리가 아는 것은, 있는 그대로의 불이의 실재를 아는 것이 아
니고, 이름을 알 뿐이다. 우리가 안다고 하는 세상 만물은, 결국 실체가
없는 이름일 뿐이다.

분별이 끊어진 자리, 둘이 아닌 있는 그대로에 이를 수 있는 길은 없을
까? 그 둘이 아닌 자리, 있는 그대로의 자리만이 우리가 쉴 수 있는 열반

(涅槃)이요, 천국이다. 둘이 아니므로 시종(始終)이 없고 생사가 없어 영생하는 자리다. 비교가 끊어진 자리여서 비교가 가져오는 경쟁으로 인한 갈등이 사라지므로, 비로소 안심할 수 있고 안식할 수 있는 자리이다.

그러나 그곳에 이를 수 있는 어떠한 방법도, 어떤 길도 없다. 어떠한 방법도, 어떤 길도 여기서 저기로 가자는 둘로 나누어진 세상의 것이기에 소용이 없다.

그곳에 이르는 길로, 방법으로 제시되고 있는 그 어떤 것도 모두 유위적(有爲的)인 것으로, 둘로 나누어진 것을 전제로 한다. 이미 시작부터 잘못된 것이다. 이 분별에서 저 분별로 가자는 것으로 모두 이름을 쫓는 것이니, 어찌 둘이 아닌 실재에 이르는 길이겠는가? 어떤 방법을 통한 모든 시도도 결국 희망이 없다.

그곳은 선행(善行)을 통하여 이르는 길이 아니다. 선행은 악을 버리고 선으로 가자는 것이다. 그런데 이미 둘이 아닌 자리를 선악으로 나누어 시작하므로, 시작부터 이름을 쫓아가는 오류를 범한다. 악(惡)이란 이름을 버리고 선(善)이란 이름을 쫓는 것뿐이다.

그곳은 수행을 통하여 이르는 길이 아니다. 수행은 이곳이 아니므로 저곳으로 가자는 것으로, 이미 개념, 이름으로 나누어 놓고 시작한다. 이 역시 이곳이란 이름에서 저곳이란 이름으로 가자는 것일 뿐이다. 어찌 허망한 일이 아니겠는가?

그곳이 여기서 저기로 가는 것을 목적으로 제시되는 것이라면, 계정혜 (戒定慧) 삼학(三學)을 통하여도, 육바라밀(六波羅密)을 통하여도 절대 이를 수 없는 자리다. 이들은 모두 둘을 전제로 한 방법이기 때문이다.

그곳은 모자람에서 완전함으로 가는 길이 아니다. 모자람도 이름이 요, 완전함도 이름일 뿐, 그 실체가 없다. 이 역시 여기서 저기로 가자는 것이다. 모자람이란 이름에서 완전함이란 이름으로 가자는 것이니, 허 망한 시도일 뿐이다.

이와 같이 분별로 나누어진 선악·미추·시비·우열·부족과 완전·귀 천·고하·병약과 건강은 이름일 뿐이기 때문에, 이 이름을 버리고 저 이 름을 쫓는 것은 허망한 것으로, 열반과는 무관하다.

있는 그대로에 머물러야 한다. 이름을 짓기 전에, 그것이 어찌 선이며 어찌 악이겠는가? 우리의 본래면목이 선악으로 이름 지어지지 않았다 면, 이름이 없는데, 그것이 어찌 악이 되고 어찌 선이 되겠는가? 이름 이 전의 그 선이라는 것이 내 본래면목이고, 이름 이전의 그 악이라는 것도 내 본래면목이다.

이름 짓기 전의 탐진치(貪瞋痴), 계정혜(戒定慧), 육바라밀(六波羅密) 이 모두 내 본래면목이다. 이름이 없는데, 그것이 어찌 탐진치가 되고 계 정혜가 되겠는가? 이름이 없는데, 그것이 어찌 육바라밀이 되겠는가? 육 바라밀은 육바라밀이 아니라, 그 이름이 육바라밀이다.

이름 짓기 전의 선악·미추·시비·우열·부족과 완전·귀천·고하·병약과 건강이 모두 내 본래면목이다. 이름을 붙이기 전인데, 그것이 어찌 선악·미추·시비·우열·부족과 완전·귀천·고하·병약과 건강이 되겠는가?

이름을 짓기 전이라면, 모두 있는 그대로의 내 본래면목이다. 모두 본래면목으로 지금 여기 내 일일 뿐인데, 그것을 두고 어떻게 취사하여 선택할 수 있다는 말인가?

모두 본래 내 얼굴이다. 그럼에도 우리는 지금까지 어떻게 살아왔는가? 끊임없이 한쪽은 내가 아니라고 버리려 하고, 한쪽은 잡으려고 하지 않았는가?

우리는 머무는 바 없이 마음을 내지 못하고(應無所住 而生其心), 흙덩이를 던지는 사람을 물지 못하고 흙덩이만 쫓아가며 살아 왔다(韓獹逐塊 獅子咬人).

열반과 천국에 이르는 어떤 방법도, 어떤 길도 없다. 그저 우리가 할 일은 어떤 시도도 포기하는 것뿐이다. 그것이 기독교에서 말하는 낮은 곳에 임함이다.

선악·미추·시비·우열·부족과 완전·귀천·고하·병약과 건강 중에서, 우리가 원수로 여기고 한사코 버리려고 하였던 악·추·비·열·부족·천·하·병약을 사랑함이다. 이것이 "너의 원수를 사랑하라."는 것이다.

열반 천국에 이르려는 그 어떤 시도도 헛된 일임을 깨닫고, 모든 시도를 포기하고, 있는 그대로에 머무는 일 외에 달리 할 일이 없다. 이것이 무위(無爲)다.

그저 있는 그대로에 머물러라. 이것이 일체 모든 것을 수용함이며, 사랑함이다. 여기에 할 일은 하나도 없다. 도대체 얼마만큼 착해야 천국을 얻고, 얼마만큼 닦아야 열반에 이른다는 것인가? 가도 가도 거기에는 선악 구도요, 가도 가도 거기에는 차안(此岸)과 피안(彼岸)의 구도다. 거기에는 열반도 없고 안식도 없다.

머무는 바 없이 마음을 내라(應無所住 而生其心). 무위(無爲)하라. 그러면 그대는 영생과 안심을 얻을 것이다. 이 무위의 공덕(功德)을 무엇과 비교할 것인가?

43. 세상(世上)이 나다

눈을 벗어나 한 물건도 따로 없는 것을 두고, 부처는 반야심경에서 "모양이 마음이고 마음이 모양이다(色卽是空 空卽是色)."고 하였다.

이는 마음과 모양이 둘이 아니라, 통째인 마음뿐이라는 것이다. 세상이 마음이고 마음이 세상이다. 마음과 모양인 세상이 둘이 아닌 통째이므로, 만물로 나누어진 세상은 이름일 뿐으로 실체가 없다.

즉 시공간인 과거, 현재, 미래가 이름일 뿐이요, 동서남북, 상하좌우, 내외원근이 이름일 뿐이요, 만물이 이름일 뿐이어서, 통째인 둘이 아닌 여기 외에 한 물건도 따로 없다.

그러므로 이 둘이 아닌 통째는 과거의 것도, 현재의 것도, 미래의 것도 아니다. 동서남북, 상하좌우, 내외원근을 벗어나 중심(中心)도 주변(邊)도 없으며, 시작도 끝도 없다.

중심도, 주변도 없어 모두 지금 여기 일일 뿐이다. 우리의 일상인 견문각지 어묵동정 행주좌와 어느 때나 지금 여기 일인 마음이 소외된 적이 한순간도 없고, 지금 여기 일인 각(覺)이 드러날 뿐이다.

만법이 각(覺)으로 귀일되니, 그렇다면 각의 귀의처는 어디인가? 지금 여기, 각(覺)은 어떤 말로도 담아낼 수 없어, 언어도단(言語道斷)의 자리요, 심행처멸(心行處滅)의 자리요, 불가사의(不可思議)한 자리다.

있다 할 수도 없고, 없다 할 수도 없으니, 말을 따르지 아니하면 "있.. 다.."가 각이요, "없..다.."가 각이다.

크다 할 수도 없고, 작다 할 수도 없으니, 말을 따르지 아니하면 "크.. 다.."가 각이요, "작..다.."가 각이다.

무한(無限)하다 할 수도 없고, 유한(有限)하다 할 수도 없으니, 말을 따르지 아니하면 "무.. 한..하.. 다.."가 각이요, "유.. 한..하.. 다.."가 각이다.

과거라 할 수도 없고, 현재라 할 수도 없고, 미래라 할 수도 없으니, 말을 따르지 아니하면, "과.. 거..다..", "현..재..다..", "미.. 래..다.."가 각이다.

동서남북이라 할 수도 없고, 상하좌우라 할 수도 없고, 안과 밖이라 할 수도 없으니, 말을 따르지 아니하면, "동..서..남..북..", "상..하..좌.. 우..", "안..과.. 밖.."이 각이다.

이와 같이 말과 모양을 따르지 아니하면, 우리 일상이 지금 여기 일인 각 아님이 없다. 남전이 말하는 "평상심이 도이다(平常心是道)."는 것이다.

평상심이 모두 지금 여기 일이니, 한결같이 여여(如如)하여 둘이 아니다. 여여하여 둘이 아닌 불이(不二)여서, 비교를 벗어난 자리다. 비교를 멀리 벗어났으니 여기에 비교가 있을 수 없고, 비교가 가져오는 갈등도 있을 수 없다. 석가가 고해(苦海)라고 진단한 이 사바세계(娑婆世界)를 벗어날 수 있는 길이 여기에 있다.

"모든 일이 지금 여기 일로, 각(覺)일 뿐이다."는 깨달음만이 급선무다. 그래서 삼조 승찬은 신심명에서 "지극한 도는 어렵지 않다. 다만 간택함을 꺼릴 뿐이다. 단지 미워하고 좋아함을 나누어 따르지 않으면 확연히 명백하다(至道無難 唯嫌揀擇 但莫憎愛 洞然明白)."고 한 것이다.

그러나 만법이 각기 따로따로 존재한다는 믿음은 익숙하나, 그들이 모두 실체가 없어 이름일 뿐이다라는 자각(自覺)은 낯설다.

그러므로 이 불이법(不二法)을 깨달았다고 하여도, 보임(保任)의 과정인 향상일로(向上一路)의 길이 남아 있다. 그래서 대혜 종고는 깨달은 후의 공부 방법에 대해 "낯선 것을 익숙하게 하고 낯익은 것을 낯설게 하라."고 하였다.

44. 사물과 이름

우리가 사물의 속성이라고 생각하는 모든 것들은 사실 그 사물의 고유한 어떤 것이 아니라, 내가 그렇다고 이름을 지은 것이다. 즉 사물의 무겁고 가벼움·크고 작음·길고 짧음·거칠고 부드러움·아름답고 추함·귀하고 천함 등 일체는 사물 그 자체의 고유 성질이 그래서가 아니고, 내가 그렇다고 분별한 것일 뿐이다.

나아가 동서남북, 상하좌우, 내외, 과거 현재 미래 모두가 그러하니, 일체가 분별인 이름일 뿐이다. 결국 삼라만상이 모두 허망한 이름일 뿐이다.

이름인 분별에서 벗어나야, 있는 그대로의 진실이 드러난다. 석가가 샛별을 보고 깨달은 것이 이것이고, 원효가 해골바가지에 담긴 물을 마시고 깨달은 것이 이것이다. 선가에서 스승이 제자를 인가(認可)할 때도 "네가 본 것이 바로 내가 본 것이다."라고 하여, 제자의 견처(見處)를 잡아 준다.

이와 같이 사물에서 그 속성 또는 자성(自性)이라는 이름을 빼앗으면, 그 사물은 더 이상 그 사물이 아니다. "있다"도 이름이요, "없다"도 이름이다. 그러므로 그 "있다", "없다"에서 그 이름마저 빼앗으면, 있는 것이 있는 것이 아니요, 없는 것이 없는 것이 아니니, 그 사물은 그야말로 이름일 뿐이다.

이를 두고 부처는 금강경에서 "삼라만상은 모두 허망하다(凡所有相皆是虛妄)."고 하였다.

그렇다면 있는 그대로의 진실은 무엇인가? 주객이 모두 허망하니, 보되 본 바 없고, 듣되 들은 바 없고, 냄새 맡되 냄새 맡은 바 없고, 맛보되 맛본 바 없고, 느끼되 느낀 바 없고, 생각하되 생각한 바 없다. 도대체 견문각지(見聞覺知) 어묵동정(語默動靜)의 모든 순간순간에, 머물 곳이 없다.

그래서 부처는 금강경에서 "마땅히 머무는 바 없이 그 마음을 내라(應無所住 而生其心)."고 하였다. 진실로 머물 곳이 없으니, 견문각지 어묵동정이 하나하나 진실하다.

"하..늘..이.. 맑..다..", "꾀..꼬..리.. 울..음.. 소..리..가.. 아..름..답..다..", "냄..새..가.. 훌..륭..하..다..", "맛..이.. 좋..다..", "느..낌..이.. 최..고..다..", "그..놈..은.. 나..쁜.. 놈..이..다.."
그 어느 하나하나가 모두 진실하고 있는 그대로이다.

우리 공부는 머물지 않으려고 노력하는 것이 아니다. 진실로 머물 곳이 없음을 깨닫고, 그 깨달음을 지켜 가는 것이 공부라면 공부인 것이다. 이것을 보임(保任)이라 한다. 진실이 어찌 노력으로 얻어지는 것이겠는가?

45. 내 소가 백장 밭에 들어간다

한 스님이 중국의 백장(百丈, 720-814) 선사에게 물었다.

스님 : "부처는 어디에 있습니까?"

백장 : "이놈아. 너는 소를 타고 소를 찾느냐!"

스님 : "소를 찾으면, 그 다음은 어떻게 할까요?"

백장 : "소를 탔으면 갈 길을 가야지. 왜 머뭇거리느냐?"

스님 : "그럼 소를 어떻게 간직할까요?"

백장 : "소가 남의 밭에 들어가지 않도록 해라."

이 말을 들은 스님은 벌떡 일어나 "내 소가 백장 밭에 들어간다."고 외치며 밖으로 나갔다. 지금까지 밖으로만 소를 찾던 스님은 백장의 가르침에, 자기가 찾던 소가 바로 "부..처..는.. 어..디...에.. 있..습..니..까..?"임을 깨닫는다.

본래 타고 있는 소를 찾았으면 어찌해야 할까? 물론 그대로 타고 가면 된다. 스님이 그렇게 찾던 소는 바로 자기 자신으로, 따로 간직할 물건이 아니다. 틈이 없고 대상이 아닌 자기 자신을 어떻게 취하고 버릴 수가 있단 말인가? 우리는 단 한 번도 소에서 내려온 적이 없다.

그런데 스님은 "그럼 소를 어떻게 간직할까요?"라고 묻는다. 스님이 간직하고 말고 할 것이 없는 자기 자신을 "어떻게 간직하느냐?"고 묻자, 백장은 "남의 밭에 들어가지 않도록 해라."고 가르침을 준다.

스님은 지금까지 소를 밖에서만 찾았다. 이는 분별에 떨어져, 분별로서 소를 찾으려 해 왔던 것이다. 소를 개념적으로 알려고 해 왔던 것이다. 그래서 지식에 의존하려고 하였다.

백장의 당부는 "다시는 분별로 헤아리지 말라. 다시는 알려고 하지 말라."는 것이다. "소..가.. 어..디.. 있..을..까..?"를 두고, 달리 찾지 말라는 것이다.

이에 스님은 "내 소가 백장의 밭에 들어간다."고 외치며 방을 나간다. 백장과 같이 있으면 또다시 백장의 말에 떨어지기 쉽다. 스승 백장이 어떤 사람인가? 그 권위 앞에서 스승의 가르침이 방편이 아닌 진리로 자기를 지배할 염려가 있다. 백장의 가르침에 빠질 우려가 있다. 그것은 또 다른 소지장(所知障)이 되어 감옥이 된다.

스승은 견성한 제자에게, "남의 밭에 들어가지 않도록 하라."며 보임(保任)을 당부한다. 그래서 스님은 백장 곁을 떠난 것이다.

"부처를 죽이고 조사를 죽이라(殺佛殺祖)."라고 한다. 이는 "부처의 말씀과 조사의 가르침에 묶이지 말고, 자기의 본래면목을 지켜야 한다."는 뜻이다. 물론 지키고 말고도 없으니, 망상에 떨어지지 말 것이다.

46. 대화(對話)

토요일 산행을 마치고 목욕을 같이 하기로 한 친구를 기다리느라 산자락 끝에 있는 커피숍에 들렀다. 저녁이라 그런지 커피숍에는 나 혼자뿐이었다. 곡명은 모르지만 차분하고 한가한 음악이 흘렀다.

좋아하는 카페라테 한 잔을 시켜 놓고 쉬고 있는데, 60세 중반의 노(老)신사가 들어왔다. 주인이 "김 선생님. 오랜만에 오시네요." 하면서 반갑게 인사를 했다. 나는 무심히 이들의 대화를 듣게 되었다.

주인 : "요즘 좋은 일 있으세요?"
김 선생 : "좋은 일 나쁜 일을 묻지 말고, 매일 새로우냐고 묻는 것이 어때요?"

주인 : "무슨 말씀인지 모르겠네요."
김 선생 : "좋은 일, 나쁜 일에 초점을 두고 우리의 일상을 보면, 삶이 금방 지루해지지 않을까요? 좋은 일은 그리 흔하지 않으니 좋은 일에 기준을 두고 살면 매일 매일이 그 날이 그 날이 되지 않겠어요? 그래서 우

리의 매일 매일이 지루해진다고 봐요. 나쁜 일이면 더욱더 그렇겠지요. 매일 매일을 새롭게 보세요. 태양은 어제의 태양이 아니고, 바람도 어제의 바람이 아니고, 아침이 어제의 아침이 아니고, 식사가 어제의 식사가 아니고, 출근길에 보는 것이 어제의 그것이 아니고, 남편이 어제의 남편이 아니고, 자식이 어제의 자식이 아니고, 일이 어제의 일이 아니고, 퇴근길 교통편이 어제의 교통편이 아니고, 잠자리가 어제의 잠자리가 아니잖아요."

주인 : "오늘의 태양이 새로운 것인가요?"

김 선생 : "이름을 갖고 사물을 보면, 어제의 태양이 오늘의 태양이겠지요. 그러나 이름 없이 보면 어떨까요? 어제의 태양과 오늘의 태양이 같을 수 있는 것은 이름으로 태양을 보기 때문이 아닐까요? 이름이 없는데 어찌 동일할 수가 있겠어요? 사람도 마찬가지예요. 이름이 없다면 어제의 그가 오늘의 그가 어찌 되겠어요? 이름이 동일성을 부여하는 것이지요. 그래서 이름으로 사물을 보면 매일 매일이 반복되나, 이름 없이 사물을 보면 매일 매일이 새로운 것일 수밖에 없지요."

주인 : "이해는 가나 매일 매일 새롭기가 어렵겠네요."

김 선생 : "그렇지 않아요. 매일 매일 좋기가 어렵고 매일 매일 행복하기가 어렵지, 매일 매일 새롭기가 어렵겠어요? 좋고 행복하기는 노력해야 얻을 수 있고, 노력한다고 해서 꼭 얻는다는 보장도 없잖아요. 그러나 보세요. 매일 매일이 새로운 것은 노력해서 얻는 것이 아니잖아요. 다만 이름에 속지 않는다면, 세상은 스스로 순간순간 지금 여기서 새롭

영원한 지금

게 태어나니, 그냥 거저 누리면 되지요. 그러니까 우리의 일상이 매일 매일 새로워서 항상 싱싱하기를 바란다면, 좋다 나쁘다·행복하다 불행하다·착하다 악하다·부자다 가난하다 등 비교에 초점을 맞추어 살지 말고, 매일 매일 이름으로부터 놓여나서 새롭게 살 수 있느냐에 초점을 맞추어 보세요. 그래서 매일 매일이 항상 새로운 싱싱한 삶을 찾도록 해 보세요."

주인 : "선생님 말씀이 이해가 되네요. 제가 가장 힘들었던 것은 믿었던 사람이 신뢰를 저버리는 짓을 하였을 때였어요. 하도 힘들어서 '저 사람도 남자다. 남자는 다 똑같다. 저 사람도 그중 하나일 뿐이다.'고 생각하니 살겠더라고요."

김 선생 : "그래요. 잘 생각하신 겁니다. 우리는 보통 나의 고통이 밖에서 온다고 생각하지요. 가령 남편이 외도를 해서 속이 상하면, 당연히 그 불행이 남편에게 원인이 있다고 보지요. 그러나 좀 더 깊이 살펴보면, 그 원인은 자기에게 있거든요. 내 남편은 이래야 한다는 그 기준, 고정 관념이 나를 힘들게 해요. 결국 나를 힘들게 한 것은 내가 설정한 그 기준, 고정 관념 아니었겠어요? 그런데 그 고정 관념은 실체가 있는 것이 아니라, 그냥 이름일 뿐이에요. 그렇다고 아무렇게나 살아도 된다는 뜻은 아니지요."

주인 : "말씀을 들으니 그러네요."
김 선생 : "성경에 아담과 이브가 선악과를 먹고 나서 낙원에서 쫓겨났

다는 말이 있지요. 좋다 나쁘다·행복하다 불행하다·착하다 악하다·부자다 가난하다 등 비교에 초점을 맞추어 살면, 삶이 시들해지고 지루해져서 죽은 삶과 같고 낙원에서 쫓겨난 것과 같지요. 그러니 비교의 눈을 가지고 세상을 살지 말고, 매일 매일이 새로운 싱싱한 삶을 살라는 것 아니겠어요? 불교에서 차안(此岸)을 말하고 피안(彼岸)을 말하는 것도 그것이라고 봐요."

나는 친구와 만날 시간이 가까워져서, 그들의 대화를 더 들을 수가 없어, 자리에서 일어났다.

47. 우리가 확인하고자 하는 것은?

우리가 확인하고자 하는 것은, 우주가 있어 "우..주..다.."라고 하는 것이 아니라, "우..주..다.."가 있어 우주가 있을 수 있다는 것이다.

우주가 본래 공(空)하기 때문에 "공..하..다.."고 하는 것이 아니라, "공..하..다.."가 있어 우주가 공할 수 있다는 사실의 확인이다.

저 멀리 태양이 있어 "저.. 멀..리.. 태..양..이.. 있..다.."고 하는 것이 아니라, "저.. 멀..리.. 태..양..이.. 있..다.."가 있어 저 멀리 태양이 있을 수 있다는 사실의 확인이다.

신(神)이 있어 "신..은.. 있..다.."고 하는 것이 아니라, "신..은.. 있..다.."가 있어 신이 있을 수 있다는 사실의 확인이다.

내가 우주 속에서 태어나는 것이 아니라, 내 안에서 우주가 태어난다는 사실의 확인이다. 우리 공부는 "내 안에서 우주가 태어난다."는 낯선 사실에 익숙해지고, 이미 익숙해져 있는 "우주 속에서 내가 태어난다."

는 것이 낯설어지는 것이다.

참 나는 지금 여기 현존이다. 순간순간 여여(如如)할 뿐, 유무와 관계가 없고, 알고 모르고와 관계가 없다. 참 나는 일체 형상을 여의었으며, 이름 지을 수 없고, 머물 수 없다. 참 나는 취할 수도, 버릴 수도 없다. 참 나가 모든 것에 앞서 있다. 천지가 나눠지기 전의 일이다(天地未分前).

그래서 이 참 나를 묻는 사람에게, 옛 선사들은 "뜰..앞..의.. 잣..나.. 무..다.."고 하였고, "마..삼..근..이..다.."고 하였고, "동..산..이.. 물..위..로.. 간..다.."고 보여 주었다.

"뜰..앞..의.. 잣..나..무..", "마..삼..근..", "동..산..이.. 물..위..로.. 간..다..", "우..주..다..", "태..양..이..다..", "신..이..다..", "공..이..다.."는 모두 참 나를 보여 주는 것으로, 그 뜻하고는 아무 상관이 없다.

그래서 말을 하지만, 말이 말이 아니어서 말한 바가 없다. 뜻을 여의니, 모두 여여(如如)할 뿐이다. 우리가 아는 객관적이거나 주관적인 것들, 세상 만물들은 모두 이미지인 이름일 뿐이다. 우주는 우주가 아니라, 그 이름이 우주이다. 공은 공이 아니라, 그 이름이 공이다. 신은 신이 아니라, 그 이름이 신이다.

태양은 태양이 아니라, 그 이름이 태양이다. '저 멀리'는 저 멀리가 아니라, 그 이름이 '저 멀리'이다.

우리 공부는 생각을 비우는 공부가 아니다. 우리 공부는 생각으로부터 탈출하는 공부가 아니다. 우리 공부는 밖에서 안으로 찾아가는 공부가 아니다. 우리 공부는 분별에서 분별없는 곳으로 가는 공부가 아니다. 우리 공부는 분별이 들끓는 속세를 피해 산속으로 도망가는 공부가 아니다. 우리 공부는 생각의 위험을 깨닫자는 공부가 아니다.

우리는 생각을 하며 산다. 이는 분명 우리의 현존 모습이다. 생각하며 사는 것이 우리의 있는 그대로이다. 있는 그대로를 깨닫고자 하면서, 어찌 생각하는 우리를 제외하려 하는가? 그렇다면 이는 실재를 외면한, 처음부터 잘못된 공부다.

우리 공부는 "생각이 생각이 아니라, 그 이름이 생각이다."를 깨닫는 공부이다. 우리 공부는 "만물이 각각 그 이름이 그러할 뿐이지, 그 이름에 해당하는 만물이 따로 있지 않다."는 사실을 확인하는 공부이다.

생각은 생각이 아니라, 그 이름이 생각이다. 우리 공부는 생각하되 생각이 머물 곳이 없음을 확인하는 공부이다.

하루 종일 생각하면서 살되, 한 생각도 한 바 없음을 확인하는 공부이다. 그래서 본래 생각으로부터 자유로운 존재임을 확인하는 공부이다.

48. 허무안(虛無眼)

금강경에서 나오는 육안(肉眼), 천안(天眼), 혜안(慧眼), 법안(法眼), 불안(佛眼)의 오안(五眼)은 이름일 뿐, 그 이름에 해당하는 눈이 따로 있는 것이 아니다.

그럼에도 일체 만물이 보이는 현상은 부정할 수 없다. 그런데 석가의 가르침대로 내가 없다고 한다면, 내가 보는 것이 아니다. 내가 보는 것이 아니라면, 보는 주체가 따로 있어 그 내가 대상을 본다는 것은 망상이다.

그러나 있지도 않은 눈이 본다. 이를 '허무안(虛無眼)'이라고 이름을 붙여 보자. 보는데 주체라고 할 내가 없다. 언제나 나 없이, 보고 듣고 말하고 있을 뿐이다. 우리의 일상인 견문각지 어묵동정 행주좌와가 모두 나 없이 일어난다.

나 없이 하늘을 본다. 하늘이 나다. 나 없이 바다를 본다. 바다가 나다. 나 없이 파도 소리를 듣는다. 파도 소리가 나다.

보고 듣는다고 하였으나 부득이한 말일 뿐이다. 보고 듣는 주체가 따로 있어 보고 듣는 것이 아니며, 그 대상이 따로 있는 것 역시 아니다.

이것은 "만물이 모두 실체가 없는 이름일 뿐이고 둘이 아니어서, 우리의 경험은 순간순간 주객합일의 불이(不二)로 경험될 뿐이다."는 진실에 눈을 떠야만 소화가 되는 말이다. 이를 두고 여래의 삶이라고 한다면, 여래의 삶에서 나와 너 등 만물은 이름일 뿐이요, 꿈속 이야기이다. 여래의 삶에서, 만물의 이름들은 살아가는 데 필요한 도구에 불과하다.

우리 중생들은 내가 따로 있어, 내 눈을 통하여 보고 듣고 말한다고 믿고 산다. 여기서는 만물이 따로따로 존재하여, 만물이 각기 자기 고유의 눈을 가지고 우리 일상인 견문각지 어묵동정을 산다고 생각한다. 그러나 이는 망상으로, 이들 만물은 모두 실체가 없는 이름일 뿐이다.

이를 두고 부처는 금강경에서 "삼라만상이 모두 허망하여 이름일 뿐이다. 만약 이와 같이 볼 수 있으면 바로 여래를 보는 것이다. 일체 만물은 꿈같고 환상 같고 거품 같고 그림자 같고 이슬 같고 번갯불 같으니 마땅히 이와 같이 볼 것이다(凡所有相 皆是虛妄 若見諸相非相 卽見如來. 一切有爲法 如夢幻泡影 如露亦如電 應作如是觀)."고 하였다. 만법은 그 고유의 자성이 없다(萬法無自性).

그러므로 만법은 지금 여기로, 각(覺)으로, 허무안(虛無眼)으로 귀일된다(萬法歸一). 주객이 멸(滅)하였으므로 각이요, 허무안뿐이다.

소를 길들이다(牧牛) **159**

그러나 이 허무안에 눈을 뜨지 못한 우리 중생들은, 그림자일 뿐이요, 이미지일 뿐인 너와 나 그리고 만물이 따로따로 있다고 망상하고는, 오히려 허무안에 대해서는 이름일 뿐이라고 생각한다. 이런 생각이 반야심경에서 말하는 "전도몽상(轉倒夢想)"이다. 중생의 삶에서 허무안이라고 할 부처는, 살아가는 데 도움이 되는 우상(偶像)으로 이용될 뿐이다.

부처는 허무안(虛無眼)을 있는 그대로의 실재로 보고, 세상 만물을 실체가 없는 이름일 뿐이라고 본다. 반면 중생은 만물을 실체로 보고, 오히려 허무안(虛無眼)을 이름일 뿐이요, 관념일 뿐이라고 본다.

이러한 차이는 하늘과 땅만큼 벌어진다. 삼조 승찬은 신심명에서 "털 끝만큼이라도 차이가 있으면 하늘과 땅만큼 벌어진다(毫釐有差 天地懸隔)."고 하였다.

허무안(虛無眼)에서는 모든 일이 지금 여기 일이나, 중생안(衆生眼)에서는 모두 저기 일이다.

허무안에서는 생사가 없어 영생임에 반하여, 중생안에서는 생사의 고통이 따른다.

허무안에서는 갈등이 끊어져 상락아정(常樂我淨)이나, 중생안에서는 고해(苦海)일 뿐이다.

허무안에서는 항상 열반(涅槃)이 있을 뿐이나, 중생안에서는 육도윤회(六道輪迴)가 따른다.

허무안에서는 늘 전체로의 삶이 있을 뿐이나, 중생안에서는 조각난 삶이 있을 뿐이다.

허무안에서는 일상이 늘 새로우나, 중생안에서는 일상이 모두 지루한 반복이다.

허무안에서는 항상 만족함이 있으나, 중생안에서는 늘 부족함이 있다.

허무안에서는 할 일이 없으나(無事閑人), 중생안에서는 추구할 일이 많다.

허무안에서는 사랑이 있으나, 중생안에서는 비교, 경쟁만이 있다.

허무안에서는 그 자체로 전지(全知), 전능(全能)이나 중생안에서는 분지(分知), 분능(分能)뿐이다.

허무안에서는 지금 여기 누진통(漏盡通)뿐이나, 중생안에서는 누진통이 없다.

이뿐이겠는가? 삶 전반이 혁명(革命)이다. 이상의 것들은 부처의 가르침이요, 또한 실재요, 진리이다. 그러므로 누구든지 갈 수밖에 없는 길이다. 아니 누구든지 이미 그렇다. 단지 모를 뿐이다.

어찌 보면 부처가 제시한 이 길이 가장 쉬운 길이다. 그것은 무엇이 되는 길이 아니다. 물처럼 자기 본성대로, 있는 그대로, 생긴 그대로 사는 길이기 때문이다. 이는 무위(無爲)의 길이다. 그렇다고 무위를 시도하면, 바로 유위(有爲)가 된다.

여기에 필요한 것은 "내가 없다(無我)."는 깨달음뿐이다. 이미 우리는 나 없이 하늘을 보고, 나 없이 바다를 보고, 나 없이 파도 소리를 들으며 산다. 그러므로 나는 이미 하늘이요, 바다요, 파도 소리일 뿐이다. 그럼에도 불구하고 나를 따로 두는 망상 때문에, 하늘, 바다, 파도 소리를 대상으로 본다.

나도 지금 여기 일이요, 너도 지금 여기 일이요, 만물이 모두 지금 여기 일인데, 어찌 내가 따로 있고 네가 따로 있고, 만물이 각기 따로 있겠는가?

이미 나 없이 사는 것뿐인데, 내가 따로 있다고 망상을 하니, 어찌 억울하지 않겠는가?

소를 타고 집에 돌아오다
(騎牛歸家)

소를 타고 집에 돌아오니
옛 집 그대로인데

이제 방황은 끝나고
할 일이 없네.

49. 시공간은 분별이 그려 놓은 그림이다

　이름이 들어서면서 둘로, 만물로 나누어졌다. 유무가 그렇고, 전후좌우가 그렇고, 동서남북이 그렇고, 안팎이 그렇고, 원근이 그렇고, 유한무한이 그렇고, 과거 현재 미래가 그렇고, 한 시 두 시 세 시가 그렇고, 초하루 초이틀 초사흘이 그렇고, 일월 이월 삼월이 그렇고, 일 년 이 년 삼년이 그렇고, 시공간을 축으로 한 만물이 모두 그렇다.

　이름 이전은 둘이 아니니, 모양을 지을 수 없고 머물 곳이 없고 알 수가 없다. 둘이 아니니 어찌 모양이 있을 것이며, 둘이 아니니 어찌 동서남북 등 장소를 정할 수 있으며, 둘이 아니니 어찌 알 수가 있겠는가?

　그러므로 내가 보고 듣고 말한다고 한다면, 이는 이미 이름으로 인하여 주객으로 나누어진 후의 일이다. 내가 안다고 하는 것도, 이미 이름으로 인하여 주객이 나누어진 후의 일이다. 그래서 이름이 들어서면, 시공간을 포함한 일체 만물은 모양이 있게 되고 위치가 정해지며 알 수 있는 것이 된다.

이름으로 인하여 나누어진 시공간과 일체 만물은, 둘이 아닌 실재와 따로 존재하는 것이 아니다. 시공간과 일체 만물은 그야말로 분별이 그려 놓은 실체가 없는 그림이요, 이름일 뿐이다. 그러므로 시공간 및 만물로 구성되어 있는 이 세상은, 실재(實在)하는 것이 아니다. 이를 두고 부처는 금강경에서 "일체 만물은 꿈같고 환상 같고 거품 같고 그림자 같고 이슬 같고 번갯불 같으니 마땅히 이와 같이 볼 것이다(一切有爲法 如夢幻泡影 如露亦如電 應作如是觀)."고 하였다.

우리가 세상을 본다고 한다면, 실재가 아닌 분별이 그려 놓은 그림을 보는 것이다. 우리가 세상을 안다고 한다면, 실재가 아닌 분별이 그려 놓은 그림이요, 이름을 아는 것이다. 우리가 본다고 할 때 이미 분별이 그려 놓은 그림을 보는 것이며, 우리가 안다고 할 때 이미 분별이 나누어 놓은 이름을 아는 것뿐이다.

그러나 우리의 일상인 견문각지 어묵동정이 주객으로 나누어진 후의 일이라 해도, 거기에 불이(不二)인 부모미생전의 우리 본래면목이 소외된 것은 아니다. 다만 우리가 모를 뿐, 어찌 둘이 아닌 실재가 소외될 수가 있겠는가?

어찌 그림이요, 이름일 뿐인 것이 실재를 소외시킬 수 있겠는가? 견문각지 어묵동정의 우리 일상 순간순간에 불이(不二)인 실재가 드러나고 있는 것이다. 그래서 남전은 "평상심이 도이다(平常心是道)."고 하였다.

이와 같이 만물은 이름으로 인하여 나누어진 것이니, 엄마와 아들이 둘이 아니요, 남편과 아내가 둘이 아니요, 너와 내가 둘이 아니다.

이를 석가는 연기(緣起), 중도(中道)의 가르침으로 밝혔다. 엄마 없는 아들이 어디 있으며, 아들 없는 엄마가 어디 있는가? 남편 없는 아내가 어디 있으며, 아내 없는 남편이 어디 있는가? 나 없는 네가 어디 있으며, 너 없는 내가 어디 있겠는가? 이들은 모두 혼자서는 성립될 수 없고 서로 의지하여 있는 것이니, 이들 상대 개념을 두고 서로 연기(緣起)한다고 하였다.

그 연기하는 개념이 이름일 뿐임을 안다면, 둘이 아닌 중도(中道)를 깨닫게 된다. 서로 의지하여서만 존재할 수 있는 것이라면, 그것이 어찌 자기 고유의 성품을 갖는 것이라고 할 것인가?

이와 같이 삼라만상은 각기 그 고유한 성품을 갖는 것이 아니니, 이를 두고 "만법에 자성이 없다(萬法無自性)."고 한다.

50. 나는 누구이며 어디에 있습니까?

문 : "나는 나를 과거, 현재, 미래 어디에서도 찾을 수가 없습니다. 도대체 나는 누구이며, 어디에 있습니까?"

답 : "이미 화살은 지났습니다."

다시 물으십시오.

"나..는.. 나..를.. 과..거.. 현..재.. 미..래.. 어..디..에..서..도.. 찾..을.. 수..가.. 없..습..니..다.. 도..대..체.. 나..는.. 누..구..이..며.. 어..디.. 에.. 있..습..니..까..?"

문 : "나는 나를 동서남북, 상하좌우, 내외 어디에서도 찾을 수가 없습니다. 도대체 나는 누구이며, 어디에 있습니까?"

답 : "이미 화살은 지났습니다."

다시 물으십시오.

"나는.. 나..를.. 동..서..남..북.. 상..하..좌..우.. 내..외.. 어..디.. 에..서..도... 찾..을 ..수..가.. 없..습..니..다.. 도..대..체.. 나..는..

누..구..이..며.. 어..디..에.. 있..습..니..까..?"

문 : "나는 나를 있는 곳에서도 찾을 수 없고, 없는 곳에서도 찾을 수가
없습니다. 도대체 나는 있습니까? 없습니까?"

답 : "이미 화살은 지났습니다."

다시 물으십시오.

"나..는.. 나..를.. 있..는.. 곳..에..서..도.. 찾..을..수.. 없...고,
없..는.. 곳..에..서...도... 찾..을.. 수..가.. 없..습..니..다.. 도..대..체..
나..는.. 있..습..니..까..? 없..습..니..까..?"

문 : "나는 나를 볼 수도, 알 수도 없습니다. 도대체 나는 누구이며, 어
디에 있습니까?"

답 : "이미 화살은 지났습니다."

그 묻는 마음 말고, 당신이 어디에 따로 있겠습니까? 아니면 먼 하늘
을 바라보십시오. 그리고 자기를 꼬집어 보십시오. 그래도 모르겠으면
"하..늘..이.. 맑..구..나.." 하던지, "아..야..!" 하고 외쳐 보십시오.

질문도, 답도 지금 여기 일입니다. 있는 그대로의 실상은, 둘이 아닌
불이(不二)입니다. 만물은 이름으로 인하여 나누어진 것일 뿐입니다. 그
러므로 만물은 실체가 없는 이름일 뿐입니다.

이름일 뿐인 만물은 실체가 없는 그림자 같은 것이므로, 이들은 볼 수도 들을 수도 느낄 수도 없습니다. 그림자가 어찌 생명 작용을 하겠습니까? 보고 듣고 느끼는 생명 작용은, 언제나 불이가 통째로 드러난 것입니다.

불이(不二)인 통째는 본래 나눌 수 없는 것입니다. 그러므로 불이는 과거, 현재, 미래로 나눌 수 없어 언제나 영원히 지금 일입니다. 또한 불이는 동서남북, 상하좌우, 내외로 나눌 수 없고, 중심도, 가장자리도 없어 언제나 영원히 여기 일입니다.

만물은 실체가 없는 그림자 같은 이름일 뿐이므로, 스스로의 성품인 자성이 없습니다. 그러므로 만물이 각기 갖고 있는 성품이라는 것도 실상은 만물 각자의 것이 아니라, 모두 지금 여기 일인 것입니다.

선악·미추·장단·우열·빈부·고하·귀천·원근·유무·광협·동서남북·상하좌우·내외·과거·현재·미래 등 일체의 성품이 모두 지금 여기 일이지, 그러한 것이 따로 있는 것은 아닙니다.

그래서 부처는 금강경에서 "삼라만상이 모두 허망하여 이름일 뿐이다. 만약 이와 같이 볼 수 있으면 바로 여래를 보는 것이다. 일체 만물은 꿈같고 환상 같고 거품 같고 그림자 같고 이슬 같고 번갯불 같으니 마땅히 이와 같이 볼 것이다(凡所有相 皆是虛妄 若見諸相非相 卽見如來 一切有爲法 如夢幻泡影 如露亦如電 應作如是觀)."고 하였습니다.

즉 한 물건도 따로 없으니, 견문각지 어묵동정 행주좌와의 우리 일상
이 모두 지금 여기 통째의 일이요, 그 드러남입니다.

51. 명명백백(明明白白)

이렇게 분명한데, 다시 찾을 일이 어디 있는가? 부처는 반야심경에서 "모양(色)이 마음(空)이고 마음이 모양이다. 느낌(受), 생각(想), 의지(行), 의식(識)도 이와 같아서 마음(空)과 둘이 아니다(色卽是空 空卽是色 受想行識 亦復如是)."라고 밝혔다. 이를 두고서, 어디서 마음(空)을 따로 찾을 것인가? 색성향미촉법(色聲香味觸法) 수상행식(受想行識)이 바로 마음(空)이다.

그래서 "마음뿐이다."라고 하지 않는가? 파도에서 물을 본 사람에게는 파도마다 물이듯이, 노랑, 파랑, 빨강에서 빛을 본 사람에게는 색깔마다 빛이듯이, 색에서 공을 본 사람에게는 색마다 공이요, 마음이지 않겠는가?

그런데 왜 마음(空)을 따로 찾는가? 마음뿐인데 헤맬 일이 어디 있는가? 명명백백하게 이미 드러났는데, 아직도 찾으려 하고 알려고 한다면, 찾는 일이 헤매는 일이요, 알려는 일이 헤매는 일이 아닌가?

마음뿐인데 거기에 과거 현재 미래가 어디 있고, 동서남북 상하좌우가 어디 있는가? 마음뿐인데 거기에 내가 어디 있고, 네가 어디 있는가?

그래도 우리는 견문각지 어묵동정 행주좌와의 일상을 살지 않는가? 그것이 바로 너 없는 나의 지금 여기 일이지 않는가? 그것이 바로 우리가 그토록 찾던 불이(不二)의 본래면목 아니던가?

지금 여기 일일 뿐이다. 육근(六根), 육경(六境), 육식(六識)의 십팔계(十八界)가 모두 지금 여기 일이다.

파도에서 물을 보면 모든 파도가 물이듯이, 색깔에서 빛을 보면 모든 색깔이 빛이듯이, 색에서 공을 본 사람에게는 일체가 공이요, 마음이다.

나는 어디에 있는가? 나는 지금 여기 일이다. 그 외에 어디에서 나를 찾을 것인가? 견문각지 어묵동정 행주좌와가 어디 일인가? 모두 너 없는 나의 지금 여기 일이지 않은가?

그러나 지금 여기 일이라 하여도, 시공간 중에서 지금 여기를 찾지 말 것이다. 지금 여기는 무상(無相), 무주(無住), 무념(無念)의 자리다.

나는 누구인가? 뜻을 따르지 말고, 소리를 따르지 않은 채 반야심경을 읽어 보자. 반야심경 한 자 한 자가 우리가 찾는 지금 여기 일인 나 아닌가? 금강경 한 자 한 자가 그렇고, 법화경 한 자 한 자가 그렇고, 화엄경

한 자 한 자가 그렇다.

과거, 현재, 미래의 일이 모두 지금 여기 일이요, 동서남북, 상하좌우, 내외원근의 일이 모두 지금 여기 일이요, 삼라만상이 모두 지금 여기 일이다.

"나..는.. 누..구..인..가..?"가 지금 여기 일이요, "내.. 나..이.. 70.. 입..니..다.."가 지금 여기 일이요, "서..울.. 가..는.. 길..이.. 어..디.. 입..니..까..?"가 지금 여기 일이다.

52. 불이(不二) 중도(中道)

500원짜리 동전이 "나는 앞면이다. 또는 뒷면이다."라고 생각한다. 그러나 앞면은 앞면이 아니라 그 이름이 앞면이고, 뒷면은 뒷면이 아니라 그 이름이 뒷면이다. 즉 앞면은 이름일 뿐 앞면이라는 것이 따로 존재하지 아니하고, 뒷면도 이름일 뿐 뒷면이라는 것이 따로 존재하지 아니한다.

앞면과 뒷면은 서로 의지하여 나타나는 것이므로 허망한 이름이요, 모양일 뿐이다. 그것이 따로 존재한다고 보는 것은 망상이다(皆是虛妄). "앞..면..입..니..다.."가 통째인 동전의 드러남이고, "뒷..면.. 입.. 니..다.."가 통째인 동전의 드러남이다.

바위가 "나는 바위다."고 생각한다. 그러다 자기가 자갈의 모임임을 알고는 "나는 자갈이다."라고 하였다. 다시 자기가 모래의 모임임을 알고는 "나는 모래다."라고 하였다. 다시 자기가 먼지의 모임임을 알고는 "나는 먼지다."라고 하였다. 다시 자기가 분자의 모임임을 알고는 "나는 분자다."라고 하였다. 다시 자기가 원자의 모임임을 알고는 "나는 원자다."라고 하였다.

그러나 바위도, 자갈도, 모래도, 먼지도, 분자도, 원자도 허망한 이름이고 모양일 뿐, 실재하는 것이 아니었다. 그렇다면 실재하는 것은 무엇인가?

허망한 이름과 모양을 따르지 않는다면
"나..는.. 바..위...다.."
"나..는.. 자..갈..이..다.."
"나..는.. 모..래..다.."
"나..는.. 먼...지..다.."
"나..는.. 분..자..다.."
"나..는.. 원..자..다.." 뿐이다.

물은 모양에 따라 자기를 물이라고 하였다가, 다시 얼음이라고 하였다가, 수증기라고 하였다가, H_2O라고 하기도 한다. 그러나 그 물도, 얼음도, 수증기도, H_2O도 허망한 이름과 모양일 뿐이다.

"물.. 입..니..다.."
"얼..음.. 입..니..다.."
"수..증..기.. 입..니..다.."
"H_2O.. 입..니..다.." 뿐이다.

우주는 둘이 아니다(不二). 우주에는 무생물도 있고 생물도 있다. 그 생물 중에는 나를 포함한 인간도 있고 동식물도 있다. 우주가 "나는 홍길 동이다. 나는 인간이다. 나는 생명체이다. 나는 무생물이다."고 생각한 다. 그러나 이들은 허망한 이름이요, 모양일 뿐이다(皆是虛妄).

그러나 "나..는.. 홍..길..동..이..다.."가 우주이고
"나..는.. 인..간..이...다.."가 우주이고
"나..는.. 생..명..체..다.."가 우주이고
"나..는.. 무.. 생..물..이..다.."가 우주이다.

이와 같이 허망한 모양에 이름이 더해지면서, 이름에 해당하는 사물이 따로 있다는 착각을 가져온다. 그러나 이는 어디까지나 허망한 이름이 요, 모양일 뿐이다. 허망한 이름과 모양만 따르지 않는다면, 언제나 있는 그대로의 실상은 불이(不二)이다.

불이(不二) 앞에 둘로 나누어진 동서남북, 상하좌우가 어디 따로 있겠 는가? 불이 앞에 둘로 나누어진 과거 현재 미래, 1시 2시 3시가 어디 따 로 있겠는가? 불이 앞에 둘로 나누어진 삼라만상(森羅萬象)이 어디 따로 있겠는가?

53. 불이(不二) 즉 이(二)

있는 그대로가 진실이다. 있는 그대로는 알고 모르고와 관계가 없다. 알았다 하는 순간, 아는 것으로 개념화되고 모른다 하는 순간, 모르는 것으로 개념화된다. 그래서 있는 그대로는 안다 해도 어긋나고, 모른다 해도 어긋난다.

있는 그대로로 사는 데, 노력이 필요한가? 있는 그대로를 사는 데 노력이 필요하다면, 그것은 있는 그대로가 아니다. 노력은 이 상태에서 저 상태로 가야 하는 것이다. 노력을 안 한다고 해도, 이 역시 노력을 안 하고자 하는 노력이다. 그래서 있는 그대로는, 노력을 하고 노력을 안 하고와는 아무 상관이 없다.

조주가 스승 남전에게 물었다.
조주 : "있는 그대로를 알려면, 어떻게 하여야 합니까?"
남전 : "그것은 알고 모르고와는 아무 관계가 없다."
조주 : "그렇다면 어찌해야 합니까?"
남전 : "어찌하면 어긋난다."

그렇다면 알고 모르고와는 아무 상관없이, 노력하고 노력안하고와는 아무 상관없이, 우리의 일상은 모두 있는 그대로이다.

우리는 하늘이 따로 있고, 땅이 따로 있고, 만물이 각기 따로 있다고 알고 있다. 그러나 그것은 알고 모르고의 세상이다. 안다 모른다는 것은 관념적인 것으로, 이름의 세상이다. 그 알고 모르고의 관념을 믿다 보니, 믿는 대로 하늘이 따로 있고 땅이 따로 있고 만물이 각기 따로 있게 되었다. 관념이 세상을 만들어 버린 것이다. 이것은 우리에게 익숙한 세계이다. 이름이 나누어 놓은 세상이다.

이름이 만들어 놓은 세계라면, 이는 우리의 사고가 만든 세계일 것이다. 알고 모르고의 세계, 이름이 나누어 놓은 세계는 있는 그대로가 아니다. 있는 그대로에 대한 해석의 세계다. 알고 모르고와는 관계가 없고, 이름과 관계가 없는 있는 그대로는 나누어지지 않은 불이(不二)다.

우리의 일상을 보자. 아침에 일어나 "잘 잤다." 하고, 하늘을 보며 "푸르다."고 한다. 이것이 이(二)인가? 불이(不二)인가?

"잘 잤다."를 보자. "잘 잤다."가 "못 잤다."를 두고 한 것이면 개념이요, 이름이다. 이들은 이(二)다. 제이의제(第二義諦)이다. 그러나 "잘.. 잤..다.."는 개념이 되기 전의 있는 그대로이다. 제일의제(第一義諦)이다.

"푸르다."를 보자. "푸르다."가 "흐리다."를 두고 한 것이면 개념이요,

이름이다. 제이의제다. 그러나 "푸..르...다.."는 개념이 되기 전의 있는 그대로이다. 제일의제다.

만물의 근원을 신(神)이라고 하자. 신을 피조물인 만물을 상대로 두고 한 말이면 개념이요, 이름이다. 제이의제이다. 그러나 "신..이..다.."는 개념이 되기 전의 있는 그대로이다. 제일의제다.

"잘.. 잤..다..", "푸..르..다..", "신..이..다.."가 불이(不二)이자 이(二)인 것이다. 불이(不二)와 이(二)가 따로 있지 아니하다. 그래서 이(二)에서 불이(不二)로 가는 데, 한 걸음도 움직일 필요가 없다.

54. 설법(說法)이란 것은?

스승은 "색..즉..시..공.. 공..즉..시..색.. 수..상..행..식.. 역..부..
여..시.. 사..리..자.. 시..제..법..공..상.. 불..생..불..멸.. 불..구..
부..정.. 부..중..불..감.. 시..고.. 공..중..무..색.. 무..수..상..행..식..
무..안..이..비..설..신..의.. 무..색..성..향..미..촉..법.."을 전하기 위하
여, "색즉시공 공즉시색 수상행식 역부여시 사리자 시제법공상 불생불
멸 불구부정 부증불감 시고 공중무색 무수상행식 무안이비설신의 무색
성향미촉법(色卽是空 空卽是色 受想行識 亦復如是 舍利子 是諸法空相
不生不滅 不垢不淨 不增不減 是故 空中無色 無受想行識 無眼耳鼻舌身
意 無色聲香味觸法)."이라고 설법한다.

스승은 말의 뜻과는 아무 상관이 없는 "색..즉..시..공.."을 전하기 위
하여, "색즉시공(色卽是空)"이라고 설법한다.

우리는 물론 "색..즉..시..공.."인 생명을 전수받아야 한다. 그런데 "색
즉시공(色卽是空)"이라는 설명만 받아먹어서는, 생명을 놓치고 죽은 송
장만 떠맡는 꼴이 된다. 그렇다고 스승의 설법을 안 들을 수도 없다. 설

법 이외에 다른 방법을 찾기가 궁하기 때문이다.

거듭 말하지만 우리는 스승의 설법에서 송장만 떠안지 말고, 생명을 전수받아야 한다. 그러려면 스승의 설법을 듣되, 우선 스승이 무슨 말씀을 하는가에 귀를 기울여야 한다.

이 세상일에 대한 것이라면 그 뜻을 이해하면 된다. 그러나 언어 이전의 것을 전하려는 법문이므로, 말로써는 언어 이전이 전해지지 않는다. 모르겠고 답답할 뿐이다.

그렇다고 스승의 말씀을 부정할 수도 없다. 스승을 믿기 때문이다. 또한 스승의 말씀을 긍정할 수 없다. 그것은 이해하여 아는 수준이기 때문이다. 긍정도, 부정도 하지 않아야 한다.

스승의 말씀을 긍정하면, 바로 스승에게 속는 꼴이 된다. 죽은 송장으로 만족하는 격이다. 부정한다 해도 마찬가지다. 이도 죽은 송장을 떠맡는 것일 뿐이다.

우리 머리는 긍정도, 부정도 할 수 없는 상태를 견디기 힘들어한다. 그래서 얼른 긍정하고는 알았다고 치부해 버린다. 또는 얼른 부정하고는 아니라고 치부해 버린다. 이래서는 이 공부가 끝날 날이 없다.

스승의 설법에 간절히 귀를 기울이되, 긍정에도 서지 말고 부정에도 서지 말라. 그러다 보면 스승의 "색즉시공 공즉시색 수상행식 역부여시 사리자 시제법공상 불생불멸 불구부정 부중불감 시고 공중무색 무수상 행식 무안이비설신의 무색성향미촉법" 설법에서, 문득 "색..즉..시..공.. 공..즉..시..색.. 수..상..행..식.. 역..부..여..시.. 사..리..자.. 시..제.. 법..공..상.. 불..생..불..멸.. 불..구..부..정.. 부..증..불..감.. 시..고.. 공..중..무..색.. 무..수..상..행..식.. 무..안..이..비..설..신..의.. 무..색.. 성..향..미..촉..법.."에 계합(契合)하게 된다.

　여기서 계합은 알아듣고 긍정하는 것하고는 전혀 다른 것이다. 뜻하고는 아무 상관이 없는, "색..즉..시..공.. 공..즉..시..색.."에서 스승과 한 치의 오차도 없이 동참되는 것이다. 이것이 전등(傳燈)이다.

55. 연기(緣起)는 중도(中道)다

　세상 만물은 연기(緣起)한다. 어느 것도 혼자서는 존재할 수 없다. 그러므로 만약 우리가 만물을 두고 따로따로 존재한다고 생각한다면, 이는 망상이다.

　삼라만상은 그 고유한 성품이 없다(萬法無自性). 만물은 실체가 없는 이름일 뿐이다. 이를 두고 부처는 금강경에서 "일체 만물은 꿈같고 환상 같고 거품 같고 그림자 같고 이슬 같고 번갯불 같으니 마땅히 이와 같이 볼 것이다."고 하였다. 따로따로 존재한다고 보이는 만물 각각은 이름일 뿐으로, 실체가 없는 것이다.

　그렇다면 만물은 둘이 아닌 하나이다. 둘이 아닌 하나이므로, 과거와 미래로 나눌 수 없고, 동서로 나눌 수 없고, 안팎으로 나눌 수 없고, 원근으로 나눌 수 없고, 있고 없음으로 나눌 수 없고, 너와 나로 나눌 수 없고, 선악·미추·귀천·고하·우열 등으로 나눌 수 없다.

　안도 없고 밖도 없으며, 여기도 없고 저기도 없으며, 중심도 없고 주변도 없어 여기 저기가 없다. 그러므로 이 둘이 아닌 존재는 누구에게나 여기 저기가 끊긴, 안도 없고 밖도 없는 지금 여기 일로만 확인된다.

지금 여기일 뿐이다. 이것의 확인을 두고 견성(見性)이라 한다.
이제 그는 모든 이름과 분별로부터 자유롭다. 한 번 뛰어넘어 바로 여래의 지위에 들어간 초월자의 안목을 갖추었다(一超直入如來地).

일체 만물은 연기로 존재하므로 인연과(因緣果)로 묶여 있다. 우리가 만물이 따로따로 존재한다고 믿는다 해도 이는 망상일 뿐, 이들이 둘이 아님은 변함이 없다. 그러므로 만물은 제각기 서로 인(因)이 되고 연(緣)이 되어 상즉(相卽), 상의(相依), 상입(相入)한다. 어느 하나의 존재라도 그 성주괴공(成住壞空)에 만물이 연기하여 관여한다.

서정주 시인은 「국화 옆에서」란 시에서 다음과 같이 노래했다.

한 송이의 국화꽃을 피우기 위해
봄부터 소쩍새는 그렇게 울었나 보다.

한 송이의 국화꽃을 피우기 위해
천둥은 먹구름 속에서 또 그렇게 울었나 보다.

그립고 아쉬움에 가슴 조이던
머언 먼 젊음의 뒤안길에서

인제는 돌아와 거울 앞에선
내 누님같이 생긴 꽃이여

노오란 네 꽃잎이 피려고
간밤엔 무서리가 저리 내리고
내게는 잠도 오지 않았나 보다.

즉 만물은 둘이 아니어서, 서로서로 인연(因緣)의 법칙에 따라 생멸한다.

열반은 둘이 아님을 증득하여, 일체 업장이 소멸되고 분별을 초월한 안목이다. 이에 반하여 육도윤회는 우리 중생들이 각기 업장에 따라 천상·인간·아수라·축생·아귀·지옥의 여섯 가지 세상을 돌고 돌며 태어난다는 것이다. 만물이 따로따로 존재한다는 믿음을 가진 우리 중생들은, 이 육도윤회의 세상이 따로따로 실재한다고 보기 때문에, 여섯 가지 세상을 업장에 따라 윤회한다고 믿는다.

그러나 둘이 아닌 중도를 증득한 사람은 분별지(分別知)에서 놓여났기 때문에, 천상·인간·아수라·축생·아귀·지옥의 여섯 가지 세상을 둘이 아니라고 본다. 즉 육도윤회의 세상 그대로가, 둘이 아닌 열반인 것이다. 여기서는 지옥에서 천상으로 가야 한다는 당위성이 없다.

어느 날 한 스님이 백장을 찾아와 "저는 옛날 이 절의 주지였습니다. '깨달은 사람도 인과를 받느냐?'는 질문을 받고 '깨달은 사람은 인과를 받지 않는다(不落因果).'고 잘못 말하여, 여우 몸을 받아 뒷산에 살고 있습니다. 어떻게 말했어야 여우 몸을 면했겠습니까?"라고 물었다.

이에 백장은 "인과에 어둡지 않다(不昧因果)."고 말해 주었다. 이로 인하여 그 스님은 여우 몸을 벗을 수 있었다고 한다.

불락인과(不落因果)는 이제 인과로부터 영원히 벗어나, 다시는 인과에 떨어지지 않고 육도윤회의 삶을 겪지 않는다는 것이다. 이에 반하여 불매인과(不昧因果)는 인과를 받되 인과에 어둡지 않다는 것으로, 인과속에서 육도윤회의 삶을 살지만 이들을 둘로 보지 않기 때문에, 육도윤회의 삶 그대로가 둘이 아니어서 언제나 열반이라는 것이다. 둘이 아님을 증득한 입장에서는 육도윤회의 삶 그대로가 열반인 것이다.

그러나 한편으로는 불락인과(不落因果)라고 일렀다고 해도 말을 따르지 않으면 이 역시 지금 여기 일이요, 불매인과(不昧因果)라고 해도 말을 따르지 않으면 이 역시 지금 여기 일이다. 둘이 아님을 증득한 입장에는 맞고 틀림이 따로 없다. 하나는 맞고 하나는 틀리다고 한다면, 둘로 보는 견해일 뿐이다. 불락인과와 불매인과는 모두 지금 여기 일로 둘이 아닌 것이다.

제자 황벽이 스승 백장에게 묻는다.
황벽 : "그 질문을 한 스님이 처음부터 불매인과라고 하였다면 어느 몸을 받았겠습니까?"

백장 : "이리 가까이 오너라. 내 너에게 일러줄 것이다."

황벽은 대답을 기다리지 않고 스승 백장의 뺨을 때렸다.
백장 : "이놈이 호랑이 수염을 건드린다."며 좋아하였다.

우리는 언제나 둘이 아니다. 조사선 공부는 언제나 둘이 아닌, 우리의
본래면목을 찾는 공부다. 우리의 본래면목은 육도윤회 그대로, 언제나
둘이 아니다.

그러므로 태어난 바도 없고, 죽는 바도 없다. 그런데 어찌 "어느 몸을
받았겠는가?"라는 질문이 가능하단 말인가?

56. 죄(罪)는 자성(自性)이 없다

　부처는 금강경에서 "일체 만물은 꿈같고 환상 같고 거품 같고 그림자 같고 이슬 같고 번갯불 같으니 마땅히 이와 같이 볼 것이다."고 하였다. 육조 혜능은 "본래 한 물건도 없다(本來無一物)."고 하였다. 선가에서는 "만물에는 그 자체의 고유한 성품이 없다(萬法無自性)."고 하였다.

　부처, 혜능, 선승들은 한결같이 "세상 만물이 모두 지금 여기 일일 뿐, 따로 한 물건도 없다."고 밝혔다. 그렇다면 죄(罪)라고 해서 다르지 않을 것이다. 죄(罪)도 복(福)도 이름일 뿐, 그러한 물건이 따로 존재하는 것이 아니다. 죄에는 자성이 없다.

　팔을 끊어 입실(入室)을 허가받은 이조 혜가는 스승 달마에게 묻는다.

　혜가 : "저의 마음이 아직도 편하지 못합니다. 스승께서 자비를 베푸시어 저의 마음을 편안하게 하여 주십시오."
　달마 : "그럼 너의 그 불안한 마음을 이리 가져오너라. 내가 너를 위하여 편안케 하여 주겠다."

혜가 : "스님! 마음이란 본래 볼 수도 없고 만질 수도 없고 얻을 수도 없습니다. 그런데 어떻게 마음을 받치겠습니까?"

달마 : "마음이란 필경 얻을 수 없는 것이다. 내가 이미 네 마음을 편안케 하여 주었다."

혜가는 언하(言下)에 확철 대오하여 대안심을 얻었다.

몸에 병이 많던 삼조(三祖) 승찬은 스승 이조(二祖) 혜가에게 말한다.

승찬 : "제가 숙세의 죄업으로 고통을 받고 있습니다. 스승께서 자비를 베푸시어 그 죄업을 참회하는 법을 가르쳐 주십시오."

혜가 : "그렇다면 네 죄업을 이리 내놓아라."

한참 침묵을 지키던 승찬이 대답한다. "죄업을 찾으려 해도 찾을 수 없으니 어떻게 내놓으라고 하십니까?"

혜가 : "네가 지금 죄를 찾으려고 해도 찾을 수 없다고 하였느냐? 그렇다면 내가 이미 너의 죄를 전부 참(懺)하여 마치었느니라."

사조(四祖) 도신이 아직 어린 나이인 13세 사미승일 때, 삼조 승찬을 찾아뵙고 가르침을 청하였다.

승찬 : "너는 여기 와서 도대체 무엇을 나한테 가르쳐 달라고 하느냐?"

도신 : "스님! 인생의 고뇌에서 해탈하는 묘법을 가르쳐 주십시오."

승찬 : "해탈이라니 누가 너를 잡아매었더냐?"
도신 : "아무도 저를 잡아맨 사람은 없습니다."

승찬 : "잡아매지 않았다면 무슨 해탈을 구하느냐?"
도신 : "아! 스님! 참으로 감사합니다."

그렇다. 불안도, 죄업도, 굴레도 모두 실체가 없는 이름일 뿐, 그러한 물건이 따로 없다. 그러한 것이 따로 있다고 보고 불안을 극복하여 안심으로, 죄업을 극복하여 복락(福樂)으로, 굴레를 극복하여 해탈로 가기 위해 마음속에서 취사와 비교를 한다면, 그 갈등을 끝내는 날은 없을 것이다. 이들은 모두 실체가 없는 이름일 뿐이기 때문이다. 그 갈등을 끝내는 길은 이들이 모두 실체가 없는 그림자요, 이름일 뿐임을 깨닫고 그 싸움이 무의미함을 알아차리는 것뿐이다.

불안과 안심이 둘이 아니어서, 모두 나의 모습일 뿐이다. 죄와 복이 둘이 아니어서, 모두 나의 모습일 뿐이다. 굴레와 해탈이 둘이 아니어서, 모두 나의 모습일 뿐이다. 모두 지금 여기 나의 모습일 뿐인데, 무슨 방법으로 이들을 두고 취사할 수 있을 것인가? 불안이 찾아오면 그런대로, 죄책감이 찾아오면 그런대로, 굴레의 느낌이 찾아오면 그런대로, 취사 없이 있는 그대로 살 뿐이다.

또한 이들은 모두 이름일 뿐이지 않는가? 이름일 뿐이므로, 이름 이전에 그러한 물건들이 어찌 따로 있을 것인가? 오히려 이들에 이름을 짓고 둘로 나누어 보아 취사하려는 시도가, 이들을 더 붙잡고 있을 뿐이다. 그러므로 여기서 저기로 가고자 하는 구함이 없다면, 이들은 역할을 끝내고 바로 떠날 것이다. 구함이 오히려 우리를 쉬지 못하는 갈등으로 몰아가니, 거기에 무슨 안심과 평화가 있겠는가?

아담과 이브는 선악과(善惡果)를 따먹고 천국에서 쫓겨났다. 선악과를 따먹은 이후 우리들은 선이 따로 있고, 악이 따로 있다는 망상 속에서 살아왔다. 아담과 이브 이후 인류의 역사는 선악 간의 싸움으로 점철되어 왔다.

그러나 선악은 이름일 뿐, 그러한 물건이 따로 있는 것이 아니다. 선악은 실재하지 않는 우상일 뿐이니, 선악 간의 싸움은 끝날 수가 없다. 그림자 간의 싸움에서, 어찌 승자가 있고 패자가 있겠는가? 선악 간의 전쟁은, 선악이 그림자일 뿐이어서 선악 간의 전쟁이 무의미함을 깨달을 때만 끝날 것이다.

그런데 "선이 악을 물리쳐야 평화가 올 수 있다."는 이 망상과 관념이 수천 년을 이어오면서, 우리를 중독시켜 우리를 선악 관념의 노예로 만들었다. 나도 모르는 사이에 우리는 선악 이분 관념의 노예가 된 것이다. 이 관념의 중독이 너무 깊어, 우리는 중독되어 있는 사실조차 모르고 있다. 마치 화장실에 오래 앉아 있으면 그 냄새에 익숙해지듯 말이다.

이는 우리로 하여금 부지불식간에 죄인임을 자인하게 만들었다. 기독

영원한 지금

교에서 "아담과 이브가 선악과를 따먹은 것으로 인류가 원죄를 갖게 되었다."고 하는 것도 같은 뜻이다. 그래서 우리는 저 마음 깊이 죄의식을 갖고 살게 된 것이다.

선악(善惡)이 이름일 뿐이듯, 죄(罪) 역시 자성이 없어 이름뿐이고 실재하는 것이 아니다.

세상의 안심과 평화를 바라는가? 세상의 안심과 평화는 내 마음에서 시작된다. 세상을 바꾸려 할 것이 아니라, 내 분별심을 내려놓는 것이 제일 빠른 길이다.

깨달음을 내려놓다
(忘牛存人)

찾던 소가 바로 '나'이니,

소 찾는 일 부질없는 짓

지금 여기일 뿐

천상천하(天上天下) '나' 홀로다.

57. 세상은 연극 무대이다

극중 배우는 연극 무대에서의 이름으로, 주어진 배역을 연기한다. 연극 무대에서의 가족 관계는 그 이름이 부모요, 자식이다. 마찬가지로 모든 배역은 그 이름이 왕이요, 신하요, 사장이요, 사원이다. 그러므로 연극이 끝나 각자 본래의 생활로 돌아간 입장에서의 연극은, 간밤의 꿈과 같다.

연기 중에는 연극에 몰입되어 그 인간관계가 너무나 리얼하여 현실감이 있었으나, 연극이 끝난 무대는 그야말로 실체가 없는 개념상의 세상이었던 것이다.

현실로 돌아와서의 삶은 어떤가? 현실에서의 부모 자식 관계에서, 사장과 직원 관계에서 주어지는 이름 역시, 주어진 배역에 따른 이름일 뿐이다.

우리의 본래면목은 이름 이전의, 둘이 아닌 주객합일의 실재다. 이 불이(不二)의 실재는 모양이 없고, 시공간의 이 세상 어디에서도 찾을 수 없고, 알래야 알 수가 없는 존재다.

그 둘이 아닌 실재가 이름으로 인하여 둘로 만물로 나누어진 것이니, 이름으로 말미암은 만물은 그야말로 이름일 뿐이다. 즉 이름으로 인하여 만들어진 모습 역시, 본래 둘이 아닌 주객합일의 실재에서 따로 생긴 것으로 실체가 없는 모습이요, 이름일 뿐이다.

이를 두고 부처는 금강경에서 "일체 만물은 꿈같고 환상 같고 거품 같고 그림자 같고 이슬 같고 번갯불 같으니 마땅히 이와 같이 볼 것이다(一切有爲法 如夢幻泡影 如露亦如電 應作如是觀)."고 하였다.

그러므로 우리가 사는 세상 역시 연극 무대와 같이 이름으로 만들어진 실체가 없는 세상으로, 이름에 따른 배역을 연기하는 연극 무대인 것이다.

우리가 아는 생사(生死)도 이름으로 인하여 모양을 갖게 된 실체가 없는 모습이어서, 한갓 그림자의 생멸(生滅)일 뿐이다. 욕계(欲界), 색계(色界), 무색계(無色界)라고 하는 삼계도 이름일 뿐이다.

육도윤회 한다는 지옥·아귀·축생·아수라·인간·천상도 이름일 뿐이다. 그 세상을 이루는 과거 현재 미래, 동서남북, 상하좌우의 시공간도 이름일 뿐이어서, 그 세계에 산다는 만물 역시 이름일 뿐이니, 모두가 한 바탕 연극 무대인 것이다.

숙종 황제가 "연극을 보자."고 청하자
혜충 국사는 "어떤 몸과 마음이 있어서 연극을 봅니까?"라고 하였다.

숙종 황제가 거듭 청하자
혜충 국사는 "저도 본래 연극을 좋아합니다."라고 하였다.
이상은 선문염송 고칙 141번째 화두다.

숙종 황제가 "연극을 같이 보자."고 하자
혜충 국사는 "어떤 몸과 마음이 있어 연극을 봅니까?"라고 묻는다.

혜충 국사는 "육도윤회의 삶 일체가 한바탕 연극일 뿐인데, 연극 아닌 것이 어디 있다고 연극을 보자고 하십니까?"라고 묻는 것이다.

숙종 황제가 이 말을 깨닫지 못하니
혜충 국사는 "저도 본래 연극을 좋아합니다."고 말한다.

즉 혜충 국사는 숙종 황제에게 "저도 연극을 좋아하여 매일 연극을 하면서 산답니다. 황제께서도 이 삶이, 실체가 없는 한갓 꿈같은 연극임을 깨달으십시오."라고 한 것이다.

58. 거울과 영상은 둘이 아니다

모습이 없는데도
온갖 모습을 품고 있어
크고 작은 일체의 모습
그 아닌 것 없네.

어디에도 없으나
모든 곳을 안고 있어
동서남북 상하좌우 모두가
지금 여기 일이네.

알 수는 없으나
일체 분별과 함께 하여
말씀마다 모양마다
여래 아닌 일 없네.

　　　　　　　　　　　　　　　　영원한 지금

59. 오직 나(覺)뿐이다

볼 때도 내가 있을 뿐이요, 들을 때도 내가 있을 뿐이요, 생각할 때도 내가 있을 뿐이요, 말할 때도 내가 있을 뿐이요, 침묵할 때도 내가 있을 뿐이요, 걸을 때도 내가 있을 뿐이요, 멈출 때에도 내가 있을 뿐이다. 견문각지(見聞覺知) 어묵동정(語默動靜)에서 오직 내가 확인될 뿐이다. 하루 24시간 언제든지 내가 확인될 뿐이다.

순간순간 나(覺)뿐이니, 이를 두고 여여하다고 한다. 네(汝)가 없는 나이니, 나라고도 할 수 없다. 법이라고도 하고, 진리라고도 하고, 진면목이라고도 하고, 있는 그대로라고도 하고, 부처라고도 하고, 진인(眞人)이라고도 하나, 이 역시 이름일 뿐이다.

선사들은 "마음이 부처다."고 하면서 마음이라는 말을 즐겨 쓴다. 이는 누구나 갖고 있는 마음이라는 말을 씀으로써, 혹시 밖에서 찾는 것을 경계함이다. 그렇다고 안을 설정하는 것도 아니다. 안이다 밖이다 하는 것은 이름일 뿐, 그러한 것이 따로 없다.

견문각지 어묵동정에서 오직 내가 확인될 뿐인데, 사람들은 이 엄연한 사실을 외면하고 말을 따르고 모양을 따라, 말이 따로 있고 모양이 따로 있다고 망상(妄想)을 한다. 말이 따로 있고 모양이 따로 있다고 하면, 다시 말하는 자가 따로 있게 되고 모양을 보는 자가 따로 있게 된다. 이는 모두 실재하지 않는 것을 두고 실재한다고 믿는 것이니 망상이다.

그러나 망상을 한다고 하더라도 사실은 내(覺)가 드러날 뿐이다. "나와 너는 둘이다."라고 말을 할 때 말을 따르면 이는 망상이나, "나..와.." 가 나요, "너..는.."이 나요, "둘..이..다.."가 나이다.

"소나무와 잣나무는 둘이다."고 말할 때, 모양을 따라 분별하면 이는 망상이나, "소..나..무..와.."가 나요, "잣..나..무..는.."이 나요, "둘.. 이..다.."가 나이다.

나(覺)뿐이다 할 때 그 나에는, 한결같은 자리인 진여 자리가 있고, 생멸하는 모양이 있다. 이를 가리켜 진여문(眞如門)이라 하고 생멸문(生滅門)이라고 한다.

진여문과 생멸문은 바다와 파도 같아서, 바다가 파도이고 파도가 바다이듯이, 진여문이 생멸문이요, 생멸문이 진여문이다.

진여 자리가 따로 있고, 생멸 자리가 따로 있는 것이 아니다. 어느 순간이나 나뿐이니, 먼지를 볼 때도, 하늘을 볼 때도, 우주를 볼 때도 언제나 나뿐이다. 순간순간 전존재(全存在)이다.

먼지를 볼 때도 나머지가 없고, 하늘을 볼 때도 나머지가 없고, 우주를 볼 때도 나머지가 없다.

"먼..지..다.."가 나요,
"하..늘..이..다.."가 나요,
"우..주..다.."가 나이다.

먼지와 하늘과 우주가 평등하여, 여여(如如)하다.

60. 침 뱉을 곳이 없다

어느 행자가 침 뱉을 곳이 없어 쩔쩔매고 있었다. 스님이 깜짝 놀라 그 이유를 물었다. 이에 행자는 "부처가 아닌 것을 가르쳐 주십시오. 그곳에 침을 뱉겠습니다."라고 하였다.

"삼라만상에는 모두 불성이 있다(頭頭物物 皆有佛性)."고 하였다. 즉 "만물 중 부처 아닌 것이 없다."고 하였다. 행자는 모두 부처라는 말에 붙잡혀, 침 뱉을 자리를 찾지 못해 쩔쩔매고 있다. 분별을 따라가 분별에 묶여 꼼짝 못하고 있는 것이다.

도(道)는 유무(有無)와 아무 관계가 없다. 마찬가지로 도는 성속(聖俗)과 아무 관계가 없다. 유무도 이름일 뿐이요, 성속도 이름일 뿐이다.

이름만 따르지 않으면, "있..다.." 해도 도이고, "없..다.." 해도 도이다. "성..스..럽..다.." 해도 도이고, "속..되..다.." 해도 도이다. 하나같이 여여하여, 성속이 둘이 아님을 증득함이 깨달음이다.

그러므로 성(聖)으로도 쓸 수 있고, 속(俗)으로도 쓸 수 있다. 유(有)로도 쓸 수 있고, 무(無)로도 쓸 수 있다. 분별에 묶이면 한여름에 모기떼에 뜯기면서도 모기향마저 피우지 못하게 된다.

어느 행자가 팬티를 빨아 법당 부처님 앞에 빨랫줄을 치고 널어놓았다. 스님이 노발대발하여 꾸중을 하였다. 그러자 그다음 날 그 행자가 발가벗고 예불을 들이지 않는가? 스님이 다시 꾸중을 하였다. 그러자 행자는 "부처님 앞에 팬티를 널지도 못하게 하시니, 입고 있을 수도 없었습니다."고 답을 하였다. 부처님은 성스럽고 팬티는 더럽다는 분별을 따르다 보니, 위와 같은 일이 벌어진 것이다.

불교는 분별로부터 놓여나서 자유롭게 살자는 것이다. 청탁(淸濁)이 둘이 아니다. "깨..끗...하..다.." 해도 여여하고, "더..럽..다.." 해도 여여(如如)하다. 성속도, 청탁도 모두 지금 여기 일이다. 앞에 보이는 대상의 일이 아니다. 세상 만물의 있고 없음을 포함한 모든 속성이 모두 지금 여기 일이지, 그 만물(萬物) 각각의 일이 아니다.

견문각지 어묵동정이 지금 여기 일임을 두고 각(覺)이라 하고, 불(佛)이라 하고, 도(道)라고도 한다. 그렇지 않고 저기 만물 각각의 일이라 한다면, 이를 두고 망상(妄想)이라 한다. 만물은 이름일 뿐이고 실체가 없는데, 이를 진실로 삼기 때문이다. 따로따로 있다는 만물은 이미지요, 이름일 뿐이다. 개시허망(皆是虛妄)하다.

61. 자유(自由)

　"뜰..앞..의.. 잣..나..무.."는 뜰 앞에 있는 저 잣나무와 아무 상관이 없다. 잣나무와 느티나무는 서로 연기(緣起)한다. 잣나무 없이 느티나무가 있을 수 없고, 느티나무 없이 잣나무가 있을 수 없다. 상즉(相卽) 상입(相入)하여 잣나무가 따로 있지 아니하고 느티나무가 따로 있지 아니하다. 잣나무와 느티나무는 불이 중도(不二 中道)로 통째다. 그러므로 잣나무나 느티나무와 아무 상관이 없는 "뜰..앞..의.. 잣..나..무.."는 바로 불이 중도이다.

　"있..습..니..다.."는 있다, 없다와 아무 상관이 없다. 있다와 없다는 서로 연기한다. 없다 없이 있다가 있을 수 없고, 있다 없이 없다가 있을 수 없다. 상즉(相卽) 상입(相入)하여 있다가 따로 있지 아니하고, 없다가 따로 있지 아니한다. 있다와 없다는 불이 중도로 통째다. 그러므로 있다, 없다와 아무 상관이 없는 "있..습..니..다.."는 불이 중도로 통째다.

　"알..겠..습..니..다.."는 안다, 모른다와 아무 상관이 없다. 안다, 모른다는 서로 연기한다. 안다 없이 모른다가 있을 수 없고, 모른다 없이 안다가 있을 수 없다. 상즉(相卽) 상입(相入)하여 안다가 따로 있지 아니하고, 모른다가 따로 있지 않다. 안다와 모른다는 불이 중도로 통째다. 그러므로 안다, 모른다와 아무 상관이 없는 "알..겠..습..니..다.."는 바로 불이 중도로 통째다.

나는 누구인가?
"뜰..앞..의.. 잣..나..무..다.."이다.
"있..습..니..다.."이다.
"알..겠..습..니..다.."이다.

이는 알고 모르고와 아무 상관없고, 있고 없고와 아무 상관이 없고, 한글 사전에 있는 모든 개념, 말들과 아무 상관이 없다.

우리가 아는 세상은 알고 모르고의 세상이고, 있고 없고의 세상이고, 한글 사전에 나오는 모든 개념의 세상이다. 개념이기 때문에 알고 모를 수가 있는 것이다. 결국 우리가 알 수 있는 세상은, 개념으로 나누어진 이름뿐인 세상이다.

그러나 그 이름에 해당하는 것이 따로 실재한다고 망상하기 때문에, 이 세상은 갈등할 수밖에 없는 사바세계가 되는 것이다.

당신은 누구입니까?
"뜰..앞..의.. 잣..나..무..다.."이다.

"있..습..니..다.."이다.

"알..겠..습..니..다.."이다.

어떤 이름이나 어떤 개념과 아무 상관이 없다. 자유(自由)롭지 않는
가? 우리의 굴레는 개념이요, 이름이기 때문이다.

우리가 석가의 가르침을 배우고자 하는 것은, 본래 우리가 자유로운
존재임을 확인하기 위해서다. 행복하기 위하여, 길을 떠나는 공부가 아
니다.

우리의 본래면목은 행복, 불행과 아무 관계 없음을, 그래서 본래 자유
로운 존재임을 확인하는 공부다. 자유(自由), 부자유(不自由)에서 무심
해지는 공부다.

영원한 지금

62. 단지불회(但知不會)

모른다는 사실조차 몰랐는데 이름이 생기면서, 알고 모르고가 나뉘고, 밝음과 어두움이 나뉘고, 동서남북이 나뉘고, 과거 현재 미래가 나뉘고, 나와 네가 나뉘고, 만물이 따라서 나뉘었다.

모른다는 사실조차 몰랐는데 이름이 생기면서, 생로병사(生老病死)가 나뉘고, 낮과 밤과 꿈으로 나뉘고, 육도윤회의 세상으로 나뉘고, 선악·시비·미추·귀천·상하·우열 등 만물이 따라서 나뉘었다.

이름은 단지 분별이요, 개념일 뿐이므로, 우리가 아는 만물은 단지 이름이요, 개념일 뿐이다. 이것이 어찌 있는 그대로를 대신할 수 있겠는가? 진정 우리가 아는 만물이 이름일 뿐이라면, 견문각지(見聞覺知) 어묵동정(語默動靜)은 누구의 일인가? 누구 역시 이름일 뿐이니, 진정 모를 일이다.

옛사람은 "옛 부처가 태어나기 전의 뚜렷한 일원상을 석가도 몰랐는데, 가섭이 어찌 전할 수 있겠는가(古佛未生前 凝然一相圓 釋迦猶未會

迦葉豈能傳)?"라고 하였다.

선가귀감(禪家龜鑑)에서 말한다.

여기 한 물건이 있는데(有一物於此)

본래부터 한없이 밝고 신령스러워(從本以來 昭昭靈靈)

일찍이 나지도 않았고 죽지도 않았다(不曾生 不曾滅).

이름을 지을 길이 없고 모양을 그릴 수도 없다(名不得 狀不得).

양무제는 평생 불교 교단을 위하여 많은 절을 짓고 경전을 편찬하였다.

양무제는 달마에게 "그 공덕이 어떠한가?"라고 물었다.

달마 : "없습니다."

양무제 : "어떤 것이 성스러운 진리의 핵심인가?"

달마 : "있는 그대로 확연할 뿐, 거기에 성스러움은 없습니다."

양무제 : "그렇다면 너는 누구냐?"

달마 : "모릅니다(不識)."

석가는 임종을 앞두고 "나는 한마디도 말한 바 없다."고 선언하는 것으로, 우리들로 하여금 그의 말씀으로부터도 자유롭게 하였다.

210

그릴 수 없고, 이름을 지을 수 없으나, 항상 드러나 있으니 여기엔 주체도, 객체도 따로 없다.

그러므로 이름과 모양만 따르지 않는다면, 우리의 일상인 견문각지 어묵동정이 모두 각(覺)일 뿐이고 여여(如如)하다.

옛 선사들은
"할"과 "방"으로
손가락을 드는 것으로
죽비를 드는 것으로
"동..산..이.. 물..위..로.. 간..다.."로
"뜰..앞..의.. 잣..나..무.."로
모두 보여 주었다.

여기에는 행위자도, 대상도 따로 없다.

63. 영가(靈駕)여!

영가여!

죽음을 슬퍼하지 마십시오. 본래 당신은 태어난 바도 없고, 죽은 바도 없습니다. 처음부터 당신은 존재하지 않았으니까요. 그것은 이 세상에 오기 전이나 이 세상에 온 후나 다시 이 세상을 떠난 후나 마찬가지입니다.

당신은 본래 존재하지 않았습니다. 그러므로 당신은 온 바도 없고, 떠난 바도 없습니다. 당신뿐만 아니라, 우리 모두가 마찬가지입니다. 그러니 죽음을 두고 슬퍼할 일이 아닙니다. 도대체 나라는 것이 어디에 있습니까?

이제 그 이유를 말씀드리겠습니다. 세상 만물은 한순간도 머무름 없이 변해 갑니다. 무상(無常)할 뿐입니다.

색깔이 그렇고 소리가 그렇고 향기, 맛, 촉감, 관념이 그렇습니다. 마찬가지로 느낌이 그렇고 생각, 의지, 의식이 그렇습니다. 이들은 한순간도 머무름이 없습니다.

이를 두고 부처는 반야심경에서 "모양(色)이 마음(空)이며 마음이 모양이니, 모양과 마음은 둘이 아니다. 느낌(受), 생각(想), 의지(行), 의식(識)도 이와 같아서, 역시 마음과 둘이 아니다(色卽是空 空卽是色 受想行識 亦復如是)."라고 가르쳤습니다. 즉 일체 만물은 모두 실체가 없는 이름일 뿐이라는 것입니다.

선가에서는 이를 두고 "삼라만상에 자성이 없다(萬法無自性)."고 합니다. 일체 만물은 실체가 없는 이름일 뿐이니, 거기에 무슨 고유한 성품이 있겠습니까?

반야심경은 물질, 느낌, 생각, 의지, 의식이 모인 오온(五蘊)을 두고, 우리의 몸과 마음이라고 합니다. 그런데 오온은 무상하기 짝이 없는 것으로 자성이 없습니다. 자성이 없어 무상한 것이, 어찌 본래의 나(眞我)이겠습니까?

그래서 부처는 금강경에서 "허망한 오온(五蘊)에 머물지 말고 그 마음을 내라(應無所住 而生其心)."고 하였습니다. 그럼에도 불구하고 우리들은 그 무상한 것들에 머물러, 여기에 집을 짓고는 그것으로 나를 삼고 있습니다.

그러나 이는 본래 이름일 뿐이요, 실체가 없는 그림자를 나로 삼는 것입니다. 그리고는 태어났다는 망상, 죽었다는 망상을 하며 살고 있으니 이 얼마나 큰 착각입니까?

본래 나라고 할 물건이 따로 없습니다. 우리가 알 수 있고 볼 수 있는 것은 대상일 뿐입니다. 그런데 우리의 몸과 마음인 오온(五蘊, 색깔, 느낌, 생각, 의지, 의식)은 알 수 있고, 볼 수 있으니 대상입니다. 어찌 대상이 본래의 나(眞我)이겠습니까?

몸도 마음도 내가 아니라면, 보고 듣고 느끼고 아는 것은 누구의 일입니까? 누구라고 이름을 지을 수는 없지만, 이것만이 항상 존재하는 실존입니다. 이것이 본래 나 없는 나입니다.

영가여!
이제 당신이나 우리 모두는 나 없는 나로서, 견문각지 어묵동정 행주좌와 하며 살아가는 존재임을 깨달았습니다.

나 없이 하늘을 바라보십시오. 하늘이 당신입니다.
마찬가지로 땅, 바다, 바람, 별, 우주가 당신입니다.
나 없이 아내 또는 남편을 바라보십시오.
남편이 바로 나이고 아내가 바로 나입니다.

영가여!
나 없는 당신이 돌아가신 어머니를 생각합니다.

그 어머니가 바로 당신입니다.

영가여!

나 없는 당신이 부처님을 생각합니다.

부처님이 바로 당신입니다. 도대체 나 아님이 없습니다.

천상천하에 오직 이것, 나 없는 나만이 존귀합니다(天上天下 唯我獨尊).

64. 시공간은 무상(無常)하여 그림자일 뿐이다

　시간도 흐르고 공간도 시간에 따라 함께 흐른다. 시간도 잡을 수 없고 공간도 잡을 수 없다. 과거의 시공간을 어떻게 잡을 수 있으며, 현재의 시공간을 어떻게 잡을 수 있으며, 미래의 시공간을 어떻게 잡을 수 있겠는가? 모두 무상하여 잡을 수 없으니, 이름일 뿐이고 실체가 없다.

　우리 몸은 시공간 속의 존재여서 나이를 먹어감에 생로병사(生老病死) 한다. 우리 마음도 시공간 속의 존재여서 시간이 흐름에 따라 생주이멸(生住異滅) 한다. 나머지 만물 역시 시공간 속의 존재여서 세월이 흐름에 따라 성주괴공(成住壞空) 한다.

　한 물건도 잡을 수 없으니, 이를 두고 부처는 금강경에서 "과거의 마음을 얻을 수 없고 현재의 마음을 얻을 수 없으며 미래의 마음을 얻을 수 없다(過去心不可得 現在心不可得 未來心不可得)."고 하였다.

　그러므로 시공간과 시공간을 바탕으로 한 만물은 분별이 만들어 낸 환상이요, 그림자요, 정교한 그림일 뿐이다. 이를 두고 부처는 금강경에서

"삼라만상이 모두 허망하여 이름일 뿐이다. 만약 이와 같이 볼 수 있으면 바로 여래를 보는 것이다. 일체 만물은 꿈같고 환상 같고 거품 같고 그림자 같고 이슬 같고 번갯불 같으니 마땅히 이와 같이 볼 것이다(凡所有相 皆是虛妄 若見諸相非相 卽見如來 一切有爲法 如夢幻泡影 如露亦如電 應作如是觀)."고 하였다.

모두 꿈이다. 어제도 꿈이요, 오늘도 꿈이요, 내일도 꿈이다. 행복도 꿈이요, 불행도 꿈이다. 착하게 살아도 꿈이요, 못되게 살아도 꿈이다. 계정혜(戒定慧)의 삶도 꿈이요, 탐진치(貪瞋痴)의 삶도 꿈이다. 여법(如法)한 삶도 꿈이요, 그렇지 못한 삶도 꿈이다. 기쁨도, 슬픔도, 태연함도, 불안함도 모두 꿈이다. 어젯밤의 꿈도 꿈이요, 현실도 꿈이다.

우리는 꿈인 줄 모르고 살아간다. 꿈인 줄을 모르기 때문에, 꿈을 실재로 착각하여 비교하고 취사하며 산다. 그림자를 두고 취하려 하고 버리려 하니, 그야말로 꿈속의 꿈이다. 어젯밤 꿈속의 모든 추구가 헛되고 헛되지 않았는가? 꿈인 줄 알면, 이제 그림자를 두고 취사하지 않는다.

그림자일 뿐이라면, 우리의 일상인 견문각지 어묵동정 행주좌와는 또 어떤 일인가? 이는 그림자가 할 수 있는 일이 아니다. 행위 주체도 없이, 행위 객체도 없이 견문각지(見聞覺知) 어묵동정(語默動靜) 행주좌와(行住坐臥)가 일어난다. 순간순간 각(覺)이 드러날 뿐이다. 모든 꿈이 지금 여기 일로 귀일된다. 이제 그 꿈은 지금 여기 일이며, 실재(實在)요, 각(覺)이다.

모든 꿈이 귀일되는 자리가, 지금 여기 각(覺)이다. 이를 두고 선가에서는 "만법이 둘이 아닌 하나로 돌아가니, 그 하나는 결국 어디로 귀착되는가(萬法歸一 一歸何處)?"라고 묻는다. 만법은 꿈일 뿐이니, 지금 여기 실재에 귀일하는 것은 당연하다.

모두 지금 여기 일이요, 각(覺)이다. 그러므로 꿈인 줄만 알면 꿈과 각이 둘이 아니니, 꿈이 각이요, 각이 꿈이다. 그 지금 여기를 묻는 질문에, 조주는 "뜰..앞..의.. 잣..나..무..다.."고 하였고, 운문은 "똥..닦..는.. 막..대..기..다.."고 하였다. 임제는 "고함"으로, 덕산은 "몽둥이 맛"으로 그 귀일의 낙처(落處)를 보여 주었다.

주객만 따로 두지 않는다면, 우리의 일상 중에 이것 아닌 것이 어디 있겠는가? 그래서 도를 묻는 제자 조주에게, 남전은 "평상심이 도이다(平常心是道)."고 한 것이다.

다만 그 평상심에는 주체도, 대상도 없다. 행위 주체도, 행위 대상도 없는 우리의 일상인 견문각지 어묵동정 행주좌와가 모두 지금 여기 각(覺)이요, 도(道)이며, 있는 그대로의 실재(實在)이다.

망상도 보리도 내려놓다
(人牛俱忘)

중생이니 부처니 모두 이름일 뿐

내 알 바 아니다.

모든 분별 벗어나니

그저 둘이 아닐 뿐

65. 환영(幻影, illusion)

과거 현재 미래가 본래 있어서, 우리가 과거를 과거로 인식하고, 현재를 현재로 인식하고, 미래를 미래로 인식하는 것인가? 동서남북 상하좌우 내외원근이 본래 있어서, 우리가 동서남북을 동서남북으로 인식하고, 상하좌우를 상하좌우로 인식하고, 내외원근을 내외원근으로 인식하는가?

그러나 과거라는 물건이 따로 있고 현재라는 물건이 따로 있고 미래라는 물건이 따로 있어서, 언제나 그놈이 과거이고 언제나 그놈이 현재이며 언제나 그놈이 미래인 것이 아니라, 현재를 세워 놓고 이를 기준으로 과거 현재 미래를 나누지 않는가?

또한 동서남북이란 물건이 따로 있고 상하좌우라는 물건이 따로 있고 내외원근이라는 물건이 따로 있어서, 언제나 그놈이 동서남북이고 언제나 그놈이 상하좌우이며 언제나 그놈이 내외원근인 것이 아니라, 이 또한 중간을 세워 놓고 이를 기준으로 동서남북 상하좌우 내외원근을 나누지 않는가?

그렇다면 우리가 존재한다고 믿는 과거 현재 미래라든가, 동서남북, 상하좌우, 내외원근은 이름에 따라 존재하는 모습을 갖출 뿐으로, 실체가 없는 것이다. 즉 이름일 뿐이므로 실재하지 않는다. 있다 할 수도 없고, 없다 할 수도 없는 이미지(image)요, 환영(幻影, illusion)이다.

모두 이름일 뿐이므로 머물 수가 없으니, "과..거.. 현..재.. 미..래.."가 지금 여기 일이요, "동..서..남..북.. 상..하..좌..우.. 내..외..원..근.."이 모두 지금 여기 일이다. "과..거.."에서 시간이 무너지고, "동..서..남..북.."에서 공간이 무너진다.

만물 역시 그러하다. 만물은 그 이름일 뿐인 시공간을 축으로 존재하는 것으로, 시공간이 그러하듯이, 실재하지 않는 이미지요, 환영이다.

만물에 대한 선악·미추·귀천·고하·장단·우열·청탁이 지금 여기 일이다. 만물의 유무가 지금 여기 일이어서 "뜰..앞..의.. 잣..나..무.."란 일구(一句)에서 시공간이 무너지고, "하..늘..이.. 높..다.."란 일구에서 시공간이 무너지니, 모두 있다 할 수도 없고, 없다 할 수도 없는 이름일 뿐인 환영이다.

어떤 행위가 스스로 착하다, 악하다고 한 바 없다. 장미가 스스로 아름답다고 한 바 없고, 돼지가 스스로 뚱뚱하다고 한 바 없다. 봉황이 스스로 귀하다고 한 바 없고, 구더기가 스스로 더럽다고 한 바 없다. 산이 스스로 높다고 한 바 없고, 골짜기가 스스로 깊다고 한 바 없다. 바늘이 스

영원한 지금

스로 크다, 작다고 한 바 없다. 학생이 스스로 우수하다, 열등하다고 한 바 없다. 물이 스스로 깨끗하다, 더럽다고 한 바 없다. 만물이 스스로 있다, 없다고 한 바 없으니, 모두 저기 일이 아닌 지금 여기 일인 것이다.

모두 지금 여기 일이다. 알 수도 볼 수도 없으나, 우리의 일상인 견문각지 어묵동정 행주좌와에 언제나 드러나 있다. 이것이 실재요, 나의 본래면목이다.

혜능은 "모양과 이름을 따라가지 않고 사는 것을 두고 일상삼매(一相三昧)이다. 견문각지 어묵동정 행주좌와의 모든 행위가 지금 여기 일임을 두고 일행삼매(一行三昧)이다."라고 하였다.

결국 머물 곳이 없는 우리의 일상이 모두 지금 여기 일인 한 맛으로 일상삼매(一相三昧)요, 일행삼매(一行三昧)이다.

만법(萬法)이 일구(一句)에 귀일하니, "뜰..앞..의..잣..나..무.." 일구에 온 우주가 대롱대롱 매달려 있구나!

66. 꿈이다

이 세상은 나의 감각과 생각에 의존하는 세상이다. 모든 생명의 감각과 생각은 서로 다르다. 그러므로 고사리의 세상, 나무의 세상, 느티나무의 세상이 서로 다를 것이다. 개미의 세상, 잠자리의 세상, 매미의 세상이 서로 다를 것이다. 참새의 세상, 부엉이의 세상, 장자(莊子)가 말하는 대붕의 세상이 서로 다를 것이다. 두더지의 세상, 강아지의 세상, 호랑이의 세상이 서로 다를 것이다. 사람마다의 세상도 서로 다를 것이다.

어떻게 내가 보는 세상만이 객관적이고 진실한 세상이라고 할 것인가? 다만 내가 보는 세상이 객관적이고 진실하다고 생각할 뿐이니, 이 또한 나의 생각이요, 나의 세상일 뿐이다. 객관적인 세계가 따로 존재한다고 믿더라도, 이 또한 그의 생각일 뿐이다.

이와 같이 우리는 나의 감각과 나의 생각이 만들어 낸 이 세상을 두고 실재한다고 믿어 왔다. 그러나 이는 망상일 뿐이지 않은가? 결국 이 세상은 실체가 없는 이름일 뿐이요, 이미지일 뿐이요, 꿈일 뿐이다. 꿈일 뿐임을 깨닫는다면 행복한 꿈도, 흉한 꿈도 다만 꿈일 뿐이니, 여기에 두려움이 어디에 있을 것이며, 취사가 어디에 있겠는가?

과거 현재 미래도 생각이 만들어 낸 세상이고, 동서남북 상하좌우도 생각이 만들어 낸 세상이고, 그 안의 만물 역시 생각이 만들어 낸 세상이다. 모두가 실체가 없는 이름이요, 꿈일 뿐이어서 한 물건도 따로 없다. 천상천하 유아독존(天上天下 唯我獨尊)으로 나뿐이다. 여기서 나라고 하였으나 부득이한 방편의 말일 뿐, 모양도 없고 위치도 없고 알 수도 없어, 나라고 이름 지을 수도 없는 나이다.

보조 국사 지눌(知訥)은 "단지 모를 수만 있으면 이것이 바로 견성이다(但知不會 是卽見性)."라고 하였다. 우리가 알 수 있는 이 세상은 이름이요, 개념이요, 이미지요, 답(答)일 뿐으로 그야말로 꿈이다. 그렇다고 모른다고 한다면 이 또한 모른다고 알 뿐이니, 알고 모르는 것이 모두 꿈 속 이야기요, 개념이요, 이미지이다. 안다고 해도 분별이요, 모른다고 해도 분별이어서 모두 이미지요, 개념이요, 답(答)이다.

우리가 "이..뭣..고..?", "나..는.. 누..구..인..가..?"에 궁금할 수 있다면, 이것은 "안다"에서도 놓여난 것이고 "모른다"에서도 놓여난 것이다. 이것이 바로 말과 개념에 떨어지지 않은 살아 있는 실재다.

참말로 모를 수 있음이, 모든 답으로부터 자유로움이며 해탈이다. 우리가 아는 답의 세상은 감각과 생각이 만들어 낸 세상으로 이름일 뿐이나, 참으로 모를 수 있다면 이는 생명(生命)이요, 우리의 본래면목(本來

面目)이다.

　참말로 모를 수 있는 눈으로 세상을 보라.
　거기에는 신비(神祕)와 기적(奇蹟)이 있을 뿐이다.

　이름하여 각(覺)일 뿐이니
　유마의 "침묵"이 알고 모르고와 관계없는 그것이고
　임제의 "할"과 덕산의 "방"이 그것이고
　구지 선사의 "손가락"이 그것이고
　조주의 "뜰..앞..의.. 잣..나..무.."가 그것이다.

67. 사사(事事)는 여여(如如)하다

우리의 일상인 견문각지(見聞覺知) 어묵동정(語默動靜)의 모든 일에, 주객이 분리된 적이 없다. 그 하나하나가 주객 합일(主客 合一)인 통째이다. 마음과 삼라만상이 둘이 아니어서, 삼라만상이 마음이요, 마음이 삼라만상이다. 그래서 이를 두고 마음이라 해도 어긋나고, 삼라만상이라 해도 어긋난다.

그런데 그 불이(不二)의 존재는, 이름을 짓자마자 마음과 삼라만상으로 나누어진다. 따라서 마음이나 삼라만상은 이름일 뿐으로 실체가 없다. 마음이라는 물건이 따로 없고 삼라만상이라는 물건도 따로 없다.

하는 일마다 불이(不二)이므로, 따로 불이가 되려고 노력할 필요가 없다. 노력하면 어긋난다. 남전은 조주에게 "평상심이 도이다(平常心是道)."고 가르쳤다. 조주가 남전에게 "그 평상심을 얻기 위해 어떻게 해야 합니까?"라고 묻자, 남전은 "어떻게 하려 하면 어긋난다."고 가르쳤다. 어느 경우나 주객 합일의 불이인데, 거기에 어찌 불이에 도달하려는 노력이 필요하단 말인가?

주객 합일의 불이(不二)는 이름을 짓자마자 둘로 나누어지므로, 그 불이의 존재는 알 수가 없다. 알았다 하면 이름을 아는 것이기 때문이다. 그러므로 남전은 조주에게 "도는 알고 모르고와 아무 상관이 없다."고 가르쳤다. 본래 아무 일이 없는 것이다.

문제는 본래 아무 일이 없는 이 불이(不二)의 존재를 사람들이 알려고 하는 데 있다. 알자마자 불이의 존재는 개념화되어 이름뿐이게 된다. 알기 이전을 두고 첫 번째라고 한다면, 아는 것은 두 번째이다. 그래서 두 번째는 항상 이름뿐으로 실체가 없는 것이다. 이름뿐인 해석의 세상을 실재로 알고 사는 것을 두고, 망상(妄想) 속에서 사는 것이라고 한다.

망상은 두 번째일 때만 망상이다. 그러나 두 번째라는 것은 사실 실재하는 것이 아니다. 망상 역시 언제나 첫 번째일 뿐이다. 아무리 망상이 들끓어도, 망상 하나하나에서 주객이 분리된 적이 없다. 주객 불이의 실재를 두고 말하는 자와 말을 나눈다면, 이는 두 번째가 되어 또한 망상이라 할 수 있으나, 이 역시 사실은 첫 번째일 뿐이다. 즉 아무리 망상을 해도 주객불이의 통째일 뿐이다.

망상이 보리(菩提)이다. 하늘을 보고 땅을 보라. 언제나 주객 불이의 통째이다. 일체가 지금 여기 일일 뿐이어서, 사사(事事)가 여여(如如)하고 만물이 둘이 아니다.

68. 나날이 새롭고 또 새롭다(日日新又日新)

우리의 일상 모두가 있는 그대로 열반(涅槃)이니, 따로 열반을 구하는 것은 바다 속에서 물을 찾는 것과 같다. 순간순간 일체가 각(覺)이니, 우리의 일상은 순간순간 항상 새롭다. 탐냄도 각이요, 보시도 각이다. 성냄도 각이요, 자비도 각이다. 어리석음도 각이요, 지혜로움도 각이다.

그래서 보살은 탐냄도, 성냄도, 어리석음도 구태여 피하려 하지 않고 보시도, 자비도, 지혜도 애써 구하지 아니한다. 이들은 모두 하나 아닌 하나로서, 모두 평등하기 때문이다. 그래서 따로 할 일이 없다. 무사한 인(無事閑人)이다.

그러나 세상이 각(覺)이 아니라 수많은 사물로 이루어져 있다고 착각하면, 각각의 사물은 시간 속에서 자기라는 정체성을 갖기 때문에, 모든 사물은 어제도, 오늘도, 내일도 같은 것이 되어, 우리는 항상 헌 것 속에서 낡은 것으로 살게 된다. 여기서는 세상이 수많은 사물로 이루어져 있어 좋고 나쁨이 따르므로, 취사의 문제가 나온다.

그래서 사람들은 어리석음을 버리고 지혜를 구하려고 하고, 성냄을 버리고 자비를 구하려고 하고, 탐냄을 버리고 보시를 구하려고 한다. 수행의 순서를 정하여 성취를 구한다. 할 일이 참으로 많게 된다. 쉴 수가 없다.

요컨대 깨달음이라는 것은 이 세상을 수많은 사물로 이루어진 것으로 보느냐, 아니면 하나 아닌 하나로 보느냐의 문제이다. 어떤 사람이 "만물의 근원이라고 할 수 있는 최초의 원인이 무엇일까?"에 대해서, 평생을 찾던 끝에 "신(神)이다."라는 결론을 얻었다고 하자.

그러나 우리가 유의하여야 할 점은 "신..이..다.."가 있어서 신이 생겼다는 것이다. 신은 "신..이..다.."에서 말을 따라 분별이 만들어 낸 산물일 뿐이다. 즉 "신..이..다.."가 신(神)보다 앞선다는 사실이다. 결국 "신..이..다.."는 신까지 만들어 내는 궁극의 원인으로, 만법귀일(萬法歸一)의 자리이다.

그래서 선사들은
"뜰..앞..의.. 잣..나..무.."
"똥..막..대..기.."
"마..삼..근.."이라고 하여
만법귀일(萬法歸一)의 그 하나를 보여 주었다.

69. 대상은 이름일 뿐이다

우리는 실재(實在) 자체를 알 수 없다. 다만 그에 대한 지식과 개념만 알 수 있다. 우리가 이 세상에 대해 알고 있는 것은 실재 자체를 아는 것이 아니라, 모두 실재에 대한 지식과 이름을 알 뿐이다. 이름은 실재를 둘로, 만물로 나누므로 이름이 실재일 수가 없다. 그러므로 우리가 아는 이 세상 즉 주관적 대상이나 객관적 대상은 모두 이름일 뿐이다.

그렇다면 소위 실재한다는 실재 자체는 실재하기는 하는 것인가? 실재한다고 해도 지식이요, 실재하지 않는다 해도 지식일 뿐이다. 그래서 실재에 대한 탐구는 지식으로 시작해서 지식으로 끝날 수밖에 없다.

바위는 실재하는 것인가? 바위가 자갈로 나누어지면 바위는 없다. 그렇다면 바위는 본래 실재한 것이 아니었다. 모양과 이름일 뿐이었다.

자갈은 실재하는가? 자갈이 모래로 나누어지면 자갈은 없다. 그렇다면 자갈은 본래 실재한 것이 아니었다. 모양과 이름일 뿐이었다.

모래는 실재하는가? 모래가 먼지로 나누어지면 모래는 없다. 그렇다면 모래는 본래 실재한 것이 아니었다. 모양과 이름일 뿐이었다.

먼지는 실재하는가? 먼지가 분자로 나누어지면 먼지는 없다. 그렇다면 먼지는 본래 실재한 것이 아니었다. 모양과 이름일 뿐이었다.

끝없이 이름일 뿐이다.
그렇다면 실재(實在)는 무엇인가?

"바.. 위.. 입.. 니.. 다.."
"자.. 갈.. 입.. 니.. 다.."
"모.. 래.. 입.. 니.. 다.."
"먼.. 지.. 입.. 니.. 다.."
"분.. 자.. 입.. 니.. 다.."

한결같이 여여(如如)한가?
만약 그렇지 않다면, 이름과 모양을 따르고 있는 것이다.

70. 나를 바로 아는 것이
있는 그대로에 눈을 뜨는 것이다

선(線)은 일차원으로 마음이 만들어 낸 세계일 뿐, 실재하지 않는 세계다. 면(面)은 이차원으로 마음이 만들어 낸 세계일 뿐, 실재하지 않는 세계다. 선과 면은 입방체(立方體)에 의존하여 존재하는 것처럼 보일 뿐이다. 만약 입방체가 그 무언가에 의존하고 있다면, 그 무언가가 실재이고 입방체는 이름일 뿐이고 허구(虛構)일 뿐이다.

입방체(立方體)는 상하좌우, 안과 밖으로 구성되어 있다. 상하좌우, 안과 밖은 연기하는 개념일 뿐으로, 그 고유의 자성이 없다. 즉 고유한 상(上)이라는 물건도, 하(下)라는 물건도, 좌(左)라는 물건도, 우(右)라는 물건도, 안(內)이라는 물건도, 밖(外)이라는 물건도 잡을 수 없고 얻을 수 없다. 따라서 상하좌우, 안과 밖은 마음이 분별해 낸 것으로 이름일 뿐이고 실재하지 않는다. 결국 입방체도 마음이 만들어 낸 세계다.

과거, 현재, 미래 역시 마음이 분별해 낸 세계다. 이들은 연기하는 개념일 뿐으로, 그 고유의 자성(自性)이 없다. 그러므로 과거도 얻을 수 없고 현재도 얻을 수 없고 미래도 얻을 수 없어, 모두 잡을 수도 얻을 수도 없는 이름일 뿐이고 실체가 없다.

선(線), 면(面), 입방체(立方體), 공간(空間), 시간(時間)도 연기하는 것
이므로, 마음이 만들어 낸 관념의 세계다. 우리가 아는 것은 이 이름일
뿐인 관념의 세계이다. 이 이름일 뿐인 관념의 세상에는 생명이 없다.

그러나 우리는 견문각지(見聞覺知) 어묵동정(語默動靜) 행주좌와(行
住坐臥)에서 생명 활동을 하며 산다. 우리는 우리가 알 수 있는 이름과
관념 너머의 생명을 알 수가 없다. 알 수는 없으나 증명이 필요 없는 자
명(自明)하고 확연(確然)함이 있다.

이 알 수 없는 존재가, 개념화되기 이전의 있는 그대로이고 우리의 본
래면목이다. 그러므로 있는 그대로의 실재는 선도, 면도, 입방체도, 시간
도, 공간도 아니지만, 그렇다고 이들을 떠나 따로 있는 것도 아니다.

다만 그 선(線)이나 면(面)이나 입방체(立方體)나 시간(時間)이나 공
간(空間)은, 있는 그대로인 우리 본래면목의 있는 듯이 보이는 모양일
뿐으로, 따로 존재하는 것이 아니다.

따라서 그 말이 뜻하는 바를 따르지만 않으면, 우리의 견문각지 어묵
동정 행주좌와가 순간순간 있는 그대로의 우리 본래면목이다. 말만 따
르지 않는다면, 도저히 허구라고 할 수 없는 확연한 실재에 눈뜨게 된다.
이것이 바로 견성(見性)이다.

제자가 스승에게 "이 뭣고?", "나는 누구인가?"라며 있는 그대로인 천지미분전(天地未分前)의 본래면목을 묻는다.

선사들은 답하는 대신
"선.. 입.. 니.. 다.."
"면.. 입.. 니.. 다.."
"입.. 방.. 체.. 입.. 니.. 다.."
"시.. 간.. 입.. 니.. 다.."
"공.. 간.. 입.. 니.. 다.."
"뜰.. 앞.. 의.. 잣.. 나.. 무.."
"동.. 산.. 이.. 물.. 위.. 로.. 간.. 다.."
"마.. 삼.. 근.."
"앞.. 이.. 빨.. 에.. 털.. 이.. 났.. 다.."로
있는 그대로를 보여 준다.
답을 한다면 분별이요, 개념일 뿐이니까.

선사들은 고함(喝)을 지르거나 방망이 맛(榜)을 보여주거나 또는 주장자나 손가락을 들어 올린다. 이는 말이 아니고 모양이 아니다. 다만 생명일 뿐이다.

있는 그대로의 세계란 바로 나의 생명이요, 본래면목이다. 결코 밖에서 찾지 않아야 한다.

71. 보살은 취사(取捨)함이 없다

바다와 파도가 둘이 아니니, 바다는 파도를 두고 취사하지 않는다. 하늘과 구름이 둘이 아니니, 하늘은 구름을 두고 취사하지 않는다. 열반(涅槃)과 윤회(輪廻)가 둘이 아니니, 여래(如來)는 윤회를 두고 취사하지 않는다.

본래 둘이 아니니, 이름일 뿐인 무상(無相)한 경계를 두고 어찌 취사하며 힘들어 할 것인가? 세간과 출세간이 모두 잠꼬대이고 꿈인 줄만 알면, 세간이 출세간이고 출세간이 세간이다. 열반과 윤회가 둘이 아니다. 그러므로 출세간에 손댈 곳이 없듯이, 세간 또한 완벽하여 손댈 곳이 없다.

누가 보살을 두고 세간의 모습을 바꾸려는 사람이라고 하였는가? 그는 다만 분별심을 내려놓는 것만으로 모든 중생을 구하였다. 세상 경계를 바꾸려 함은 어리석은 사람의 몫이다.

석가는 단지 분별심 하나 내려놓는 것으로 태생(胎生), 난생(卵生), 습생(濕生), 화생(化生)의 모든 중생을 제도하였다. 공연히 내가 부처와 중생을 나누어 보고, 중생은 건져 내야 할 대상이라고 망상을 하였을 뿐이다. 본래 아무 일 없어, 무사(無事)하였던 것이다.

노자는 도덕경에서 "자연은 섭리를 품고 섭리는 하늘을 품고 하늘은 땅을 품고 땅은 사람을 품었다(人法地 地法天 天法道 道法自然)."고 하였다. 그러므로 사람은 땅의 섭리를 따르고, 땅은 하늘의 섭리를 따르고, 하늘은 도의 섭리를 따르고, 도는 자연을 따름이다.

사람도, 땅도, 하늘도 이름일 뿐으로 둘이 아니니, 있는 그대로의 자연(自然)에 귀일됨이다. 천지미분전의 자연으로, 만유(萬有)의 본래면목인 자연으로 귀일됨이다.

자연은 스스로 그러하니, 의지함이 없어 더 이상의 원인자(原因者)가 없는 마지막 진실이다. 세상만사가 모두 그의 일이다.

세상만유(世上萬有)의 성주괴공(成住壞空)이나 우리 몸의 생로병사(生老病死)나 우리 마음의 생주이멸(生住異滅)이 모두 무상하여, 지금 여기 일이요, 본래면목의 일이다. 그러므로 세상만사의 흥망성쇠가 모두 하나의 섭리로 이루어질 뿐이다.

누가 있어 감히 이를 거역할 것인가? 누가 있어 감히 이를 수용한다고 할 것인가? 거역하거나 수용한다는 주체가 되는 나(ego)라는 물건은 애초에 없다.

그러므로 슬픔도 이 일이요, 기쁨도 이 일이다. 성냄도 이 일이요, 자비도 이 일이다. 두려움도 이 일이요, 태연함도 이 일이다. 욕심도 이 일이요, 무욕도 이 일이다. 희노애락(喜怒哀樂)이 모두 지금 여기 이 일 아님이 없다.

지금 여기에다 우리는 슬프다, 기쁘다, 성내다, 자비롭다고 이름을 지어, 이름에 해당하는 물건을 따로 만들어 낸다. 그런 후 취사선택하면서 괴로워한다. 이름만 짓지 않는다면, 이들은 그저 무상(無常)한 성주괴공(成住壞空)의 한 생을 살다가 사라질 것이다.

"절망도 슬픔도 두려움도 또한 지나가리라."고 하지 않는가? 이름만 짓지 않는다면, 우리의 지성(智性)이 감당하지 못할 괴로움이 어디 있겠는가?

본래 자리로 돌아오다
(返本還源)

소를 찾아 그렇게 헤맸는데
이제 보니 모두 부질없는 짓

가도 가도 그 자리
와도 와도 그 자리.
한 발 떼기 전(前) 자리였다니!

72. 지..금.. 여..기.. 일..뿐..!

이름으로 나누어지기 전의 실재(實在), 천지미분전(天地未分前)의 실재, 진면목(眞面目)은 둘이 아닌 불이(不二)이다. 동서남북 상하좌우 내외원근이 없어, 여기라고 할 수도 없고 저기라고도 할 수도 없다. 둘이 아니니 저기도 여기요, 여기도 저기여서, 여기 아닌 것이 없다.

과거 현재 미래, 태초(太初)와 종말(終末), 연월일시(年月日時)가 없어, 오늘이라고도 할 수 없고 내일이라고도 할 수 없다. 모두가 둘이 아니니, 과거도 지금이요, 현재도 지금이요, 미래도 지금이어서, 지금 아닌 것이 없다.

한 물건도 따로 없어, 지금 여기일 뿐이다. 있고 없음이 지금 여기 일이요, 동서남북·상하좌우·내외원근이 모두 지금 여기 일이요, 과거·현재·미래·태초와 종말·연월일시가 모두 지금 여기 일이요, 선악·미추·우열·생로병사·희로애락 등 만법이 지금 여기 일이다. 이를 두고 선가에서는 "삼라만상은 고유한 성품이 없다(萬法無自性)."고 하였다. 일체가 지금 여기일 뿐이다.

만법은 지금 여기 일로 귀일된다(萬法歸一). 그렇다면 지금 여기는, 다시 어디로 귀착되는가(一歸何處)? 부득이 지금 여기라고 하나, 이도 하나의 이름일 뿐이라면, 지금 여기가 아닌 "지..금.. 여..기.."일 뿐이다.

지금 여기일 뿐이니 주객으로, 만물로 나누어지기 전이다. 보는 일이 지금 여기 일이요, 말하고 듣는 일이 지금 여기 일이요, 육근(六根), 육진(六塵), 육경(六境)의 모든 일이 지금 여기 일이요, 꿈과 현실이 모두 지금 여기 일이니, 우리의 일상인 견문각지(見聞覺知) 어묵동정(語默動靜)이 모두 지금 여기 일이다.

머물 곳이 없다. 둘이 아니어서 한 물건도 따로 있지 아니하니, 머물 곳이 어디 있겠는가? 이를 두고 부처는 금강경에서 "허망한 이름을 따라 여기에 머물지 말고 순간순간 그 마음을 내라(應無所住 而生其心)."고 하였다.

실로 머물 곳이 없다. 세상 만물은 서로 연기로 이루어져 있다. 유무・장단・미추・귀천・우열・생사・빈부・죄복(罪福)・청탁(淸濁) 어느 쪽에도 머물 수가 없다. 머물 수 없으니, 비로소 이들에 무심하게 된다. 그 무심(無心)이 해탈(解脫)이다.

육도윤회(六道輪廻)의 세상은 연기(緣起)의 세상이다. 천국이 있어 인간・아수라・축생・아귀・지옥의 세상이 생긴다. 나머지도 마찬가지다. 이것이 있어 저것이 있는 세상이다. 이는 우리 마음이 머물러서(有心),

영원한 지금

비교 분별로 차 있을 때 나누어지는 세상이다. 어느 하나가 사라지면 나머지 세상도 있을 수 없다.

선행을 쌓아 복덕을 지으면 천국을 맞이할 수 있다. 그러나 이 또한 윤회의 길임을 면하지 못한다. 무심의 공덕만이 육도윤회의 세상을 모두 부수어 버린다. 거기에는 천국도 없고 지옥도 없다. 무심(無心)만이 윤회의 고리에서 벗어날 수 있다.

그렇다. 육도윤회의 길은 우리의 망상이 만들어 낸 것으로, 실체가 없는 이름일 뿐이다. 그렇다면 결국 지금 여기 일일 뿐이다.

아니다.
"지..금.. 여..기.. 일.. 일.. 뿐..이..다.."

73. 모든 일을 성취하는 지금 여기

견문각지(見聞覺知) 어묵동정(語默動靜) 행주좌와(行住坐臥)가 모두 지금 여기 일이다. 모든 일이 지금 여기에서 일어나는 일 아닌가? 과거 일을 생각해도 지금 여기 일이요, 현재 일을 생각해도 지금 여기 일이요, 미래 일을 생각해도 지금 여기 일이다.

먼 곳을 바라봄도 지금 여기 일이요, 가까운 곳을 바라봄도 지금 여기 일이요, 밖을 바라봄도 지금 여기 일이요, 안을 바라봄도 지금 여기 일이다. 요컨대 안이비설신의(眼耳鼻舌身意) 색성향미촉법(色聲香味觸法) 法) 수상행식(受想行識)의 모든 일이, 지금 여기 일이다. 지금 여기일 뿐이다.

지금 여기일 뿐이니, 둘이 아닌 불이(不二)이다. 그러므로 지금 여기를 떠나서 따로 있다고 보이는 과거 현재 미래는 실체가 없어, 그 이름이 과거 현재 미래이다. 지금 여기를 떠나서 따로 있다고 보이는 동서남북 내외원근은 모두 실체가 없어, 그 이름이 동서남북 내외원근이다. 시공간은 모두 실체가 없는 이름일 뿐이니, 시공간적 존재인 너도, 나도, 나아가 만물도 모두 실체가 없어, 그 이름이 너요, 나요, 만물이다.

지금 여기일 뿐이라 하나 이 역시 이름일 뿐으로, 지금 여기에 해당하는 물건이 따로 있어서 지금 여기 일이라고 하는 것은 아니다. 부득이하게 사용하는 방편의 말일 뿐이다.

혜능은 "본래 한 물건도 없다(本來無一物)."고 하였다. 도대체 언어도단(言語道斷)이요, 불가사의(不可思議)하다. 시공간이 모두 끊어졌으니 무상(無相)이며 무주(無住)이고, 일체의 분별을 넘어섰으니 무념(無念)의 실재이다. 내가 없어서, 견문각지 어묵동정 행주좌와 순간순간이 언제나 전존재(全存在)이다.

일이 없어 한가로운 사람이다(無事閑人). 내가 없는데, 새삼 무엇이 되려는 시도가 왜 일어나겠는가? 선악 · 미추 · 우열 · 고하 · 빈부 등 이름뿐인 세상에서 추구되는 모든 가치가 무의미하다. 그런 사람을 두고 "일을 마친 범부(了事凡夫)"라고 한다. 모든 가치에 무심(無心)하다. 그 사람을 유인할 어떤 수단도 없다.

양무제는 후일 달마를 붙잡지 못한 것을 후회하고는 지공 화상과 달마를 다시 모셔 올 것을 의논했다. 이에 지공 화상은 양무제에게 "폐하께서 사신을 보내 모셔 온다는 것은 말할 것도 없고, 온 나라 사람이 다 가더라도 그는 오지 않을 것입니다."고 말했다. 즉 세상의 모든 밧줄을 다 동원하더라고 달마를 데려올 수는 없다고 했다.

나 없는(無我) 달마를 무슨 그물로 잡아 올 수 있겠는가? 그는 나가 없어 가되 간 바 없고, 보되 본 바 없고, 말하되 말한 바 없다. 견문각지 어묵동정 행주좌와에서 하되 한 바가 없다. 무위(無爲)이다. 그러면서 그는 모든 일을 다 성취한다.

영원한 지금

74. 나는 그림자였다!

나는 그림자!
당신을 만나고 나서, 나는 당신의 그림자임을 알았다.
어제도 오늘도 내일도 그림자다.
아! 내가 영겁을 두고 그림자에 불과하였다니!
이제까지의 모든 일이 당신의 일이었다니!

그것들을 모두 내가 하는 일인 줄 알았지!
나는 바보! 착각과 망상으로 살았다.
그래서 닦아서 이름을 빛내 보려 하였고
닦아서 무아(無我)에 도달하려고도 하였지.
그 그림자일 뿐인 것을 두고 말이다.

진작 그림자일 뿐임을 알았다면
나를 전제로 일체의 헛손질을 하지 않았을 것이다.
그림자를 두고 지우려고도 하지 않았을 것이고

그림자를 두고 가꾸려고도 하지 않았을 것이다.
일체의 짓거리가 모두 꿈속의 일이었네!

이제 할 일이 하나도 없다.
선악 시비가 모두 꿈속 일이요,
빈부귀천이 모두 꿈속 일이다.
무엇을 고집하고 무엇을 피하려 할까?
그저 당신의 뜻에 따를 뿐이다.

오직 당신의 뜻일 뿐이니
언뜻 나의 일 같지만, 모두 당신의 일이다.
그런데 굳이 선악(善惡)을 왜 가릴 것이며
굳이 시비(是非)를 왜 가릴 것인가?
그저 무심(無心)한 물처럼 흐를 뿐이다.

선악이 무심 속의 일이요,
시비가 무심 속의 일이다.
탐진치(貪瞋癡)가 무심 속의 일이요,
계정혜(戒定慧)가 무심 속의 일이다.
무엇을 취사할 것인가?

나는 욕심꾸러기!

나는 화도 잘 내. 나는 어리석기도 한이 없어.

그런데 그것이 나와 무슨 상관이야!

어차피 당신의 일인데.

75. 있는 그대로의 세상

　견문각지 어묵동정 행주좌와의 우리의 일상에서, 마음이 소외된 적이 없다. 언제나 순간순간 색즉시공(色卽是空) 공즉시색(空卽是色)의 주객합일(主客合一)이어서, 나눌 수 없어 둘이 아닌 마음이 드러나는 지금 여기일 뿐이다.

　지금 여기일 뿐이니 동서남북이 둘이 아니요, 상하좌우 내외원근이 둘이 아니요, 과거 현재 미래가 둘이 아니요, 물물(物物)이 둘이 아니요, 선악·미추·우열·장단·고하·귀천 등이 둘이 아니요, 탐진치(貪瞋癡) 계정혜(戒定慧)가 둘이 아니요, 인의예지(仁義禮智) 오욕칠정(五慾七情)이 둘이 아니다.

　"만법은 지금 여기 둘이 아닌 하나의 일로 돌아가니, 그 지금 여기 하나의 일은 무엇인가(萬法歸一 一歸下處)?"라는 질문이 있다. 그 하나의 귀의처가 바로 조주의 "뜰..앞..의.. 잣..나..무.."요, 선사들의 "할(喝)"과 "방(榜)"이다. 그 하나의 일이 이른바 지금 여기 마음이요, 각(覺)이다.

우리는 순간순간 지금 여기 각(覺)으로 살 뿐이다. 그것이 탐진치나 계정혜이든, 착함이나 악함이든, 인의예지나 오욕칠정이든 문제되지 않는다. 모두 이름이 지어지기 전의 있는 그대로이며, 지금 여기 일인 각(覺)일 뿐이다.

삼조 승찬은 신심명에서 "지극한 도는 어렵지 않으니 다만 비교 간택을 꺼릴 뿐이다. 단지 좋아하고 싫어함만 없으면 도는 확연히 명백하다 (至道無難 唯嫌揀擇 但莫憎愛 洞然明白)."고 하였다.

우리는 있는 그대로에 이름을 붙인 후 그러한 물건이 따로 있다고 망상을 하고는, 이에 따라 싫어하고 좋아하며 취사 간택을 한다. 모두 하나같이 지금 여기 각일 뿐이나, 이름이 붙여지면 만물로 나누어지니, 모두 실체가 없는 이름일 뿐으로 그러한 물건이 따로 있는 것이 아니다.

그러므로 만물은 실체가 없는 이름일 뿐이니, 어리석게 실재한다고 망상을 하고는 취사 간택하지 말라는 것이다. 즉 비교할 만한 물건이 따로 없고 취사할 물건이 따로 없다. 그저 모든 일이 지금 여기 일로 둘이 아닌 일이니, 있는 그대로의 일뿐이다. 그러므로 지극한 도(道)는 어렵지 않다. 만일 도가 취하고 버리는 일이라면, 이는 어렵기도 하려니와 불가능한 일이다.

모두 이것이 있어 저것이 있다는 연기(緣起)로 일어나는 것을 두고, 어찌 한쪽을 버리고 나머지 한쪽을 취하라고 할 것인가?

어찌 악을 버리고 선을 취하라고 할 수 있겠는가?

육조 혜능은 "다만 견성(見性)만을 말할 뿐, 선정(禪定)과 해탈(解脫)은 말하지 않는다."고 하였다. 즉 둘이 아님을 깨달으면 될 뿐, 수행을 통하여 여기를 버리고 저기에 도달한다는 것은 부처의 가르침이 아니라며 배척하였다. 이것이 부처의 가르침인 불이법(不二法)이다.

있는 그대로의 우리 본래면목은 언제나 둘이 아닌, 지금 여기 각일 뿐이다. 순간순간 불이(不二)의 본래면목일 뿐, 선악·미추·우열·귀천 등의 분별이 끼어들 여지가 없다. 공연히 분별로 나누어 보고는, 우리들이 취사하며 망상을 하는 것뿐이다. 그러므로 우리의 일상은 한결같이 지금 여기 여여한 각(覺)이요, 열반(涅槃)일 뿐이다. 여기에는 갈등이 있을 수 없다.

취하고 버림 속에 갈등이 생기고, 이것이 세상을 힘들게 하는 원인이다. 세상의 갈등은 우리 각자의 분별심(分別心)에서 시작되기 때문이다.

76. 당신은 누구이며 어디에 있습니까?

석가는 누구입니까?

"7..×7..= 49.. 입..니..다.."

그러면 어디에 있습니까?

"7..×7..= 63.. 입..니..다.."

마조는 누구입니까?

"하..늘..이.. 맑..습..니..다.."

그러면 어디에 있습니까?

"하..늘..이.. 흐..립..니..다.."

개구리는 누구입니까?

"무..게..가.. 천..근..입..니..다."

그러면 어디에 있습니까?

"가..볍..기..가.. 솜..털.. 같..습..니..다.."

당신의 어머니는 누구입니까?

"하..늘..이.. 높..습..니..다.."
그러면 어디에 있습니까?
"바..다..가.. 깊..습..니..다.."

당신의 아들은 누구입니까?
"키..가.. 180cm.. 입..니..다.."
그러면 어디에 있습니까?
"앉..으..면.. 190cm.. 입..니..다.."

당신은 누구입니까?
"동..산..이.. 울..긋..불..긋.. 합..니..다.."
그러면 어디에 있습니까?
"비..가.. 내..립..니..다.."

모두 지금 여기 일로, 둘이 아닌 불이(不二)다. 우리들을 포함한 삼라만상은 둘이 아닌 불이로, 매일 만나고 헤어지나, 실상은 만나는 일도 없고 헤어지는 일도 없다. 언제나 둘이 아니다. 내가 너이며 네가 나이다. 그러므로 지금 여기 일이 아닌 저기 일로 보이는 만물은, 모두 실체가 없는 이름일 뿐이다.

만물 중 하나인 석가도 이미지인 이름일 뿐이고, 마조도 이미지인 이름일 뿐이고, 개구리도 이미지인 이름일 뿐이고, 어머니도 이미지인 이름일 뿐이고, 아들도 이미지인 이름일 뿐이고, 너도 나도 이미지인 이름

　　　　　　　　　　　　　　　　영원한 지금

일 뿐이다. 우리가 만나고 사랑하고 미워하는 만물은 결국 이미지요, 이름일 뿐이다.

돌아가신 어머니가 그리운가? 그러면 당신은 당신이 그리고 있는 이름일 뿐인 이미지를 그리워함이다.

당신은 배우자를 사랑하는가? 그러면 당신은 당신이 알고 있는 이름일 뿐인 이미지를 사랑함이다.

당신은 배우자를 미워하는가? 그러면 당신은 당신이 알고 있는 이름일 뿐인 그림자를 미워함이다.

당신은 매일 누구를 만나고 또 헤어지는가? 그러면 당신은 당신이 알고 있는 이름일 뿐인 이미지를 만나고 헤어지는 것뿐이다.

당신은 매일 무엇을 취하고 버리는가? 그러면 당신은 당신이 알고 있는 이름일 뿐인 이미지를 취하고 버리는 것뿐이다.

당신은 평생 무엇인가를 추구하고 있는가? 그러면 당신은 당신이 알고 있는 이름일 뿐인 그림자를 추구하고 있는 것뿐이다.

저기 일로 알고 향하는 일체의 몸짓이 모두 망상이다. 만법귀일(萬法歸一)의 지금 여기를 떠나, 따로 있다고 믿는 만물은 모두 실체가 없는 이름일 뿐이니, 저기 만물로 향하는 일체의 유위행(有爲行)을 되돌려, 둘이 아닌 지금 여기 일로 귀일시킴이 근본으로 돌아감이다(返本還源).

사랑·미움·그리움·취하고 버림 등 일체의 추구가, 저기 그러한 실체가 있어 그러한 것이 아니라, 모두 지금 여기 일이다. 그러므로 부처는 금강경에서 "허망한 이름을 따라 거기에 머물지 말고 그 마음을 내라(應無所住 而生其心)."고 하였다.

이제 망상을 돌려 보리를 이룸이다. 사랑과 미움이 둘이 아니요, 취하고 버림이 둘이 아니다. 그러므로 취할 일도 아니요, 버릴 일도 아니다. 모두 지금 여기 일이다.

그저 그러할 뿐!
다만 지금 여기 깨어 있을 뿐이다.
각(覺)! 각(覺)! 각(覺)!
순간도 영원도 각(覺)이다.

77. 먼저 떠난 벗에게

영가(靈駕)여!

당신은 우리 곁을 떠난 바 없습니다. 아니 오신 바도 없는데, 어찌 떠날 수가 있겠습니까? 본래 당신은 오고 가는 존재가 아니었던 것입니다.

영가여!

당신은 본래 몸도, 마음도 아닙니다. 그저 고금을 통한 소소영영(昭昭靈靈)한 존재입니다. 당신이 쓰던 몸도, 마음도 실체가 없는 덧없는 것이었습니다. 이제 그 덧없는 것들에, 어찌 미련을 갖겠습니까? 당신은 덧없는 몸과 마음에 더 이상 집착하지 않습니다.

이제 당신은 자유로운 존재입니다. 지금 당신은 여전히 보고 듣습니다. 그것이 당신이 존재한다는 증거입니다. 세상이 사라지지 않는다는 사실 역시, 당신이 소소영영한 존재라는 분명한 증거입니다. 당신이 없는 세상이 어떻게 존재하겠습니까? 그래서 당신은 영원한 존재인 것입니다.

소소영영한 존재여!

이제 당신은 어떤 것과도 둘이 아닙니다. 당신이 하늘이요, 땅이요, 바다요, 산이요, 바람입니다. 말씀마다 당신이요, 모양마다 당신입니다.

이름뿐인 몸과 마음에서 벗어난 영가여!

그래서 당신은 비로소 쉴 수 있는 존재입니다. 진정으로 쉴 수 있는 당신이기에, 당신이 바로 천국입니다.

우리의 본래면목은 주객합일(主客合一)의 둘이 아닌 소소영영한 존재입니다. 이름에 의하여 둘로, 만물로 나누어져 있는 시공간적 존재가 아닙니다.

우리의 일상인 견문각지 어묵동정에서 마음이 소외된 적이 없으니, 모든 일이 지금 여기 일로 마음이요, 식(識)이요, 각(覺)일 뿐, 한 물건도 따로 없습니다. 그야말로 마음밖에 한 물건도 없습니다(心外無物). 그러므로 태어난 바도 없고, 죽는 바도 없습니다.

분별로 인하여 만물로 나누어진 시공간적인 존재 역시 실체가 없는 이름일 뿐이어서, 이 역시 본래 생하고 멸하는 존재일 수가 없지만, 우리의 망상(妄想)이 이러한 물건이 따로 존재한다고 믿기 때문에, 그들의 생멸을 두고 태어났다느니 죽었다느니 할 뿐입니다.

생사(生死)가 본래 없어 이름일 뿐인데, 그래도 사후 세상이 궁금하니까? 각(覺)일 뿐인 이 세상과 무엇이 다르겠습니까?

아니 전생(前生)이 지금 여기 일이요, 현생(現生)이 지금 여기 일이요,
내생(來生)이 지금 여기 일입니다.

78. 내 본래 얼굴 지금 여기 일이니

내 본래 얼굴 지금 여기 일이니
삼천대천세계가 지금 여기 일이요,
육도윤회의 길이 지금 여기 일이다.

시간이나 공간과 무관하고, 있고 없음과도 무관하다.
멀리 시비를 벗어나, 선악과도 무관하다.

이 무엇인가?
언어의 길이 끊기고 생각이 궁하여 다 하였다.

세상은 무얼 다 안다고
혹은 착하라 하고 혹은 마음을 넓게 쓰라며
하라는 것이 왜 이리 많은가?

오직 모를 뿐이니
그저 마음을 따를 뿐
따로 할 일이 없네.

79. 나는 천지미분전(天地未分前)이다

생(生)은 어디서 오고 사(死)는 어디로 가는가?
생(生)은 한 조각 구름이 일어남이요,
사(死)는 한 조각 구름이 스러짐이라.

뜬구름 자체는 본래 실다운 것이 아니니
생사(生死)의 오고 감이 이와 같다.

한 물건 있어 항상 홀로 드러나니
담연(澹然)하여 생사에 따르지 않는다.

위 게송은 망자(亡者)를 위한 법문에 많이 등장하는 구절이다. 몸을
떠난 망자의 입장에서는 실감나는 내용이라 하겠다.

우리의 본래 면목은 천지미분전(天地未分前)이다. 시공간 이전을 주
소로 삼는다. 그래서 나를 찾을 때는, 시공간 이전을 놓치면 안 된다.

자! 이제 시공간 이전에서 놀아 보자.

"아..이..고.. 잘..잤..다.."

"아..침..밥.. 먹..었..나..?"

"학..교..에.. 다..녀..오..겠..습..니..다.."

일상이 삼매(三昧)다. 우리의 일상이 그대로 열반(涅槃)이니, 열반이 따로 있다고 하여 구하고자 한다면, 토끼 뿔을 구하는 것과 같이 잘못된 것이다.

아침에 일어나 세수하고 밥 먹고 출근하여 일하고 고단한 몸으로 퇴근하여 쉬는 것이 모두 열반이다. 순간순간 취하고 버림의 연속인 듯하나, 취함이 취함이 아니요, 버림이 버림이 아니다.

이는 본래 주객(主客)이 둘이 아니요, 물물(物物)이 둘이 아니기 때문이다. 본래 그러하니, 우리의 분별로 나눌 수 없는 것이다. 다만 여기에, 둘로 보는 분별 망상이 있을 뿐이다. 그러므로 분별 망상만 쉬면 될 뿐, 달리 삼매를 구할 일은 아닌 것이다.

분별이 나누어 놓은 삼라만상(森羅萬象)이 모두 하나같이 이름일 뿐이니, 삼라만상이 모두 허망하여 이름일 뿐이다(皆是虛妄). 이름일 뿐이다라고 하면, 보고 듣고 말하고 냄새 맡는 일은 또 무엇인가? 달리 여래(如來)를 어디서 찾을 것인가?

여래를 묻는 제자에게

영원한 지금

조주는 "뜰..앞..의..잣..나..무.."라 하였고

운문은 "마..른.. 똥.. 막..대..기.."라 하였고

선사들은 "할(喝)"과 "방(榜)"으로 여래를 보여 주었다.

달리 무슨 수로 여래를 보여 주겠는가?

어디 이뿐이겠는가?

"잘..잤..다.."가 이것이고

"밥..맛..이. .좋..다.."가 이것이고

문 밖을 나섬이 이것이고

열심히 일을 함이 이것이고

집으로 돌아옴이 이것이고

TV를 시청함이 이것이다.

우리의 일상이 모두 여래의 드러남이다. 모두 지금 여기 일이니, 이름하여 여래(如來)요, 이름하여 마음이요, 이름하여 부처요, 이름하여 각(覺)이다. 이 또한 이름일 뿐이니, 이름에 속아 이름을 따른다면, 천리 밖으로 멀어진다.

"아.. 하..늘..이.. 맑..습..니..다.."

"하..늘..에..는.. 별..이.. 총..총..합..니..다.."

이것이 천지미분전(天地未分前)의 둘이 아닌 전존재(全存在)요, 나의 본래면목(本來面目)이다.

80. 우리가 서 있는 자리

모든 것이 무상(無常)하여, 한순간의 머무름도 없다. 그러므로 우리의 몸과 마음도 무상하여 과거의 것을 찾을 수 없고, 현재의 것을 찾을 수 없으며, 미래의 것 역시 찾을 수 없다.

그래서 부처는 금강경에서 "과거의 마음을 얻을 수 없고 현재의 마음을 얻을 수 없으며 미래의 마음을 얻을 수 없다(過去心不可得 現在心不可得 未來心不可得)."고 하였다. 그렇다면 무상한 몸과 마음을 두고, 참 나라고 할 수는 없다.

참 나는 누구인가? 아무리 짧은 현재라고 하여도 이 역시 과거와 미래로 나누어지는 것이므로, 결국 과거에서도 찾을 수 없고 미래에서도 찾을 수 없다. 그렇다면 나는 시공간적인 존재가 아닌 것이다. 시공간적인 존재가 아니라면, 내가 밟고 서 있는 자리는 도대체 어디란 말인가?

과거와 미래의 사이라고 할 수 있는 백척간두(百尺竿頭)에 서 있다고 가정해 보자. 우리가 가정한 백척간두에는 두께가 있을 수 없다. 만약 두께가 있다면, 그것은 다시 과거와 미래로 나뉘기 때문이다. 우리가 서 있다고 가정한 백척간두에는 안이 없다. 안이 없는 것이라면, 밖도 있을 수 없다.

안도 없고 밖도 없는 백척간두(百尺竿頭)다. 그래서 우리가 찾는 우리의 본래면목(本來面目)을 두고 작다면 안이 없고, 크다면 밖이 없다고 표현한다. 이를테면 $0 = \infty$의 존재다.

지금 여기 일 이외에는 한 물건도 따로 없어, 이른바 둘이 아닌 불이(不二)다. 진리요, 생명이다. 그러므로 우리의 일상인 견문각지 어묵동정 행주좌와가 모두 이 생명의 드러남이다.

시공간 이전의 나의 본래면목을 묻는 질문에, 선사들은 견문각지 어묵동정 행주좌와를 직접 보여 주었다. 그것이 선사들의 "할(喝)"과 "방(棒)"이요, 손가락을 들어 올림이요, 조주의 "뜰..앞..의.. 잣..나..무.."이다.

그러나 지금 여기는 시공간적인 존재가 아니므로, 모양도 없으며, 알 수도 없고, 찾을 수도 없다.

81. 응무소주 이생기심(應無所住 而生其心)

부처는 금강경에서 "마땅히 머무는 바 없이 그 마음을 내라(應無所住 而生其心)."고 하였다. 즉 "분별 집착 없이, 나 없이 그 마음을 내서 살라."는 말이다.

부처는 또한 금강경에서 "삼라만상이 모두 허망하여 이름일 뿐이다. 만약 이와 같이 볼 수 있으면 바로 여래를 보는 것이다. 일체 만물은 꿈 같고 환상 같고 거품 같고 그림자 같고 이슬 같고 번갯불 같으니 마땅히 이와 같이 볼 것이다(凡所有相 皆是虛妄 若見諸相非相 即見如來 一切有爲法 如夢幻泡影 如露亦如電 應作如是觀)."고 하였다.

그런데 나 역시 그 만물 중의 하나이니, 나도 너도 모두 실체가 없는 이름일 뿐이다. 한 물건도 없어 모두 이름일 뿐이니, 도무지 집착해서 머물 만한 물건이 하나도 없다.

부처는 금강경에서 수보리에게 "수보리야! 만약 보살에게 아상·인상·중생상·수자상이 있다면, 너·나라는 상이 있다면, 그는 만물의 본래면목을 깨달은 보살이 아니다."라고 말했다.

만법에는 자성이 없다(萬法無自性). 즉 만물은 각기 그 고유한 성품이 없다. 만물에 집착해서 머물 곳이 없다. 만법은 서로 연기(緣起)로 이루어져 있어, 내가 있어 네가 있고 네가 있어 내가 있는 관계에 있다. 만법은 스스로 그 고유한 성품을 갖고 있지 않기 때문에, 자기가 존재하기 위해서는 반드시 상대의 존재가 필요하다. 이는 자기 고유의 성품이 있다면, 구태여 그 존립을 상대에게 의존할 필요가 없기 때문이다.

안이 있어 밖이 있을 수 있고, 동쪽이 있어 서쪽이 있을 수 있고, 과거가 있어 미래가 있을 수 있고, 네가 있어 내가 있을 수 있고, 있음이 있어 없음이 있을 수 있다. 이와 같이 만물이 각기 그러하니, 선악·시비·미추·우열·상하·고하·생사 등 만물 어느 하나라도, 그러지 않은 것이 없다.

만물 어느 것 하나도 그 고유한 성품을 갖고 있지 아니하다. 그래서 혜능은 "본래 한 물건도 없다(本來無一物)."고 했다. 그래서 부처는 금강경에서 "삼라만상이 모두 허망하여 이름일 뿐이다. 만약 이와 같이 볼 수 있으면 분별 이전의, 있는 그대로의 우리 본래면목에 눈을 뜨게 된다."고 가르쳤다. 선가에서 말하는 견성(見性)을 한다는 것이다.

선가에서는 "만법이 둘이 아닌 하나로 돌아가니, 그 하나는 결국 어디로 귀착되는가(萬法歸一 一歸何處)?"라고 묻는다. 즉 "만물은 고유한 자성이 없고(萬法無自性), 본래 한 물건도 없어서(本來無一物), 오직 마음 하나로 귀결되니 그 마음은 무엇인가?"라고 묻는다. 모두 지금 여기 마음의 일이다.

만법무자성(萬法無自性)이다. 저기 만법 스스로의 일은 하나도 없다. 지금 여기 마음을 묻는 질문에, 선사들은 "뜰..앞..의.. 잣..나..무.."라 하고, 주장자를 들어 보이거나 고함을 치고, 몽둥이로 때리는 방편으로 마음을 보여 주었다.

이와 같이 모두 지금 여기 마음의 일일 뿐, 저기 만법 스스로의 일은 하나도 없으니, 그야말로 집착해 머물 곳이 본래 없다. 한 물건도 없으니, 나도 없고 너도 없어 취하고 버릴 것이 하나도 없다. 이와 같이 취하고 버릴 물건이 없는 사람을 두고, 일 없는 사람(無事閑人)이라 한다.

선악·시비·우열·미추·귀천 등이 모두 실체가 없어, 어느 하나 집착해 머물 것이 되지 못한다. 여기에는 취사가 있을 수 없다. 구태여 선(善)하려도 하지 않고 구태여 악(惡)을 피하려고도 하지 않는다. 모두 이름 짓기 이전이어서, 도대체 선도 없고 악도 없어, 취하고 버릴 물건이 하나도 없다.

나 없는 삶이다. 분별 집착하지 않고 그 일상을 사는 삶이다(應無所住而生其心). 한 물건도 따로 없어 불이(不二)인 우리의 본래면목을 깨달았다고 하여 한 물건도 없음을 고집하며 산다면, 이 또한 법상(法相)에 잡혀 있음이니 자유인(自由人)이라고 할 수 없다.

우리가 사는 세상은 네가 있고 내가 있는 이법(二法)의 세상이다. 이제 불이의 안목(眼目)으로 이법(二法)의 세상을 산다. 시정(市井)의 한 사람으로 값을 홍정하고 선악 시비를 가리며 산다. 그는 불이를 고집하지 않는다. 그러나 그는 모든 개념으로부터 자유로운 안목으로 그저 세상살이에, 선악·시비·미추·우열·고하의 말을 쓰면서 살 뿐이다. 전에는 그 개념에 부림을 당하였으나, 이제는 개념을 쓰는 사람이다.

중국의 선승 청원 유신(靑源有信)은 "공부하기 전에는, 산은 산이고 물은 물이었다. 그러나 공부를 해 보니, 산은 산이 아니고 물은 물이 아니었다. 그런데 공부를 더 해 보니, 산은 산이고 물은 물이다."고 하였다.

즉 공부하기 전에는 만물이 각기 자성 있어 보여, 따로따로 존재하는 물건이었다. 그러나 공부를 해 깨달아 보니 만물은 모두 자성이 없어, 그들이 따로따로 있는 것이 아니라 오직 마음 하나로 귀일되었다. 그렇지만 우리가 살 곳은 입전수수(入廛垂手)의 시정(市井)이다. 시정인의 한 사람으로서 시장에 나가 값도 홍정하고, 착한 것은 착하다 하고, 옳은 것은 옳다 하며 산다는 것이다.

82. 부정(否定)도 긍정(肯定)도 말라

이름이 세상을 나누어 놓기 전에 즉 분별이 있기 전 존재의 실상은, 둘이 아닌 불이(不二) 중도(中道)이다. 이를 두고 부처는 반야심경에서 "모양(色)이 마음(空)이며 마음이 모양이니, 모양과 마음은 둘이 아니다. 느낌(受) 생각(想) 의지(行) 의식(識)도 이와 같아서, 역시 마음(空)과 둘이 아니다(色卽是空 空卽是色 受想行識 亦復如是)."라고 하였다.

본래 둘이 아니니, 분별로 나누어진 만물은 그야말로 실체가 없는 이름일 뿐이다. 그렇다면 만물에는 그 고유한 자성이 없으니(萬法無自性), 본래 한 물건도 없음이다(本來無一物). 한 물건도 없어 시공간이 둘이 아니요, 동서남북 상하좌우 내외원근이 둘이 아니요, 과거 현재 미래가 둘이 아니요, 만물이 둘이 아니요, 유무(有無)가 둘이 아니요, 주객·선악·미추·고하·장단·귀천·빈부 등 둘로 나누어진 일체 모든 것이 둘이 아니니, 그들은 모두 실체가 없는 이름일 뿐이다.

모두 이름일 뿐이니, 둘로 나누어진 실체가 없는 개념들로 이루어진 나(我) 역시, 실재하지 않는 이미지요, 그림자일 뿐이다. 그래서 부처는 금강경에서 나를 두고 말하는 "아상(我相), 인상(人相), 중생상(衆生相), 수자상(壽者相)이 모두 실체가 없는 이름일 뿐이다(無我)."고 하였다.

이름이 둘로 나누는 것이니, 이름에 속아 연기(緣起)하여 일어나는 양면(兩面)을 두고, 굳이 취하고 버리지 말 것이다. 탐진치(貪瞋痴)도 내 모습이며, 계정혜(戒定慧)도 내 모습이다. 탐진치는 그 이름이 탐진치일 뿐이며, 계정혜도 그 이름이 계정혜일 뿐이다.

이 모두를 있는 그대로로 받아들임이, 분별하여 집착하지 않고 이 세상을 살아가는 길이다(應無所住 而生其心).

이미 실체가 없는 이름이요, 그림자일 뿐인데, 머물고 말고가 어디에 있겠는가?

그럼에도 "머물지 말라(應無所住)."고 함은, 이를 강조하기 위한 부처의 자비(慈悲)라 할 것이다.

83. 있는 그대로의 세계

　우리는 일반적으로 하늘·땅·바다·강·산·식물·동물들이 각기 따로따로 존재한다고 믿는다. 이들이 이미 과거부터 존재하여 왔고 미래에도 계속 존재한다는 것을 전제로, 내가 따로 있어서 이들을 인식한다고 믿는다. 대상인 물질에 답이 있다는 이러한 사고는, 물질에 대한 과학적 탐구를 이끌어 내기에 알맞다. 일찍이 서양에서 과학이 발달한 것도 이러한 사고에 힘입어서 일 것이다.

　그런데 주관인 내가 따로 있고 대상인 하늘·땅·바다·강·산·식물·동물이 따로 있어 내가 이를 인식하는 것이 아니라, 언제나 주객합일(主客合一)인 "하..늘..이..다..", "땅..이...다..", "바..다..이..다..", "강..이..다.." 뿐이다.

　즉 지금 여기 실재하는 것은 "하..늘..이..다..", "땅..이..다..", "바..다..이..다..", "강..이..다.." 뿐이다. "과..거..부..터.. 존..재..해..왔..습..니..다..", "미..래..에..도.. 존..재..할.. 것..입..니..다.."가 실재할 뿐이다. 과거나 미래의 마음을 잡을 수 없듯이, 과거나 미래의 몸도

영원한 지금

잡을 수 없다. 현재의 마음을 잡을 수 없듯이, 현재의 몸도 잡을 수 없다. 결국 내가 없다(無我).

그러나 내가 없음에도 우리가 보고 듣고 느낀다는 사실은 부인할 수 없는 진실이다. 다만 주의할 것은 여기서 보고 듣고 느끼는 것은, 그 주체와 객체가 따로 분리됨이 없이 보고 듣고 느끼는 것을 말한다. 보고 듣고 느끼는 일이 주객합일(主客合一)의 일이다. 보고 듣고 느끼는 이 실재는, 누구도 의심할 수 없는 단순한 것이다. 이 실재를 두고 사람들은 마음이라 한다.

따라서 "물..이..다.."도 마음이요, "얼..음..이..다.."도 마음이요, "수.. 증..기..다.."도 마음이다. "산..이..다.."도 마음이요, "바..다..이..다.." 도 마음이다. "우..주..다.."도 마음이요, "면..지..다.."도 마음이다. "하.. 늘..이..다.."도 마음이요, "땅..이..다.."도 마음이다. "아..름..답..다.."도 마음이요, "추..하..다.."도 마음이다. "밥..을.. 먹..는..다.."도 마음이요, "걷..는..다.."도 마음이다.

"나.."도 마음이요, "너.."도 마음이다. "천..동..설.."도 마음이요, "지.. 동..설.."도 마음이다. "진..리.."도 마음이요, "망..상.."도 마음이다. "만.. 유..인..력..의.. 법..칙.."도 마음이요, "상..대..성..의.. 원..리.."도 마음이다. "창..조..설.."도 마음이요, "진..화..설.."도 마음이다. "유..심..론.." 도 마음이요, "유..물..론.."도 마음이다.

"똥..막..대..기.."도 마음이요, "마..삼..근.."도 마음이다. "7.. x 5..= 35.."도 마음이요, "7.. x 5.. = 45.."도 마음이다. "이..게.. 좋..을..까?.."도 마음이요, "저..게.. 좋..을..까?.."도 마음이다. "살..았..다.."가 마음이요, "죽..었..다.."가 마음이다. 모두 마음을 드러내고 있다.

마음뿐이다. 마음 외에 이름, 해석에 해당하는 물건이 따로 존재하지 아니한다. 그럼에도 불구하고 우리는 마음 외에 이름에 해당하는 물건이 따로 존재한다고 생각하고, 이름에 집착하여 생사가 이름일 뿐임을 모르고 생사에 집착한다. 따로따로 존재한다는 믿음이, 분별을 낳고 비교를 낳는다.

여기 재미있는 얘기가 있다. 한 동산에 온갖 꽃들이 살고 있었다. 우리가 흔히 볼 수 있는 장미나 백합은 물론이요, 제비꽃 호박꽃 등 세상에 있는 모든 꽃들이 어울려 살고 있었다. 그들은 계절에 맞추어 피었다 지면서, 있는 그대로 아무 갈등 없이 행복하게 살고 있었다.

그런데 어느 날 누군가 "너희들 중에서 백합이 제일 예쁘다."고 속삭였다. 아마 그는 인간이었을 것이다. 위 동산의 꽃들은 이제 미추(美醜)에 눈을 뜨게 되었다. 그들은 미추의 기준을 만들고 그것이 따로 실재하는 것으로 받아들여, 서로를 비교하며 등수를 매기기 시작하였다. 그들은 그만 비교의 세계에 빠져 버린 것이다. 그들은 서로를 질시하며 갈등하기 시작하였다. 이제 모두 백합이 되려고 노력하게 되었다. 하나같이 모두 성형 수술을 받아서라도 백합이 되려고 줄을 섰다.

그들은 "아..름..답..다.."도 마음이요, "추..하..다.."도 마음으로 하나같이 완벽하여 서로 비교할 수 없는 것임을 알지 못하고, 마음 외에 미추(美醜)가 따로 존재하고 이들을 비교할 수 있는 것으로 착각하여 낙원을 잃었다. 그들 중 누군가가 미추가 따로 실재하지 않음을 꿰뚫어 보고 "미추에 속지 말라."고 외치지만, 이제 그의 말은 오히려 공허할 뿐이다. 오히려 그들은 "예쁜 것이 따로 있고 추한 것이 따로 있으니 헛소리 말라."고 한다.

그러나 앞서 본 바와 같이 "예..쁘..다.."가 마음이요, "추..하..다.."가 마음이다. 그 마음 외에 추하고 예쁜 것이 따로 있지 아니하다. 오직 마음뿐이다. 마음뿐인데 어떻게 마음을 두고 마음을 비교한다는 말인가?

지금이라도 그 꽃동산이 비교에 속지 않으면, 옛날의 평화롭던 낙원을 회복할 터이다. 그런데 알고 보면, 벗어날 비교의 세계는 실재하는 것이 아니다. 따라서 벗어나야 할 어떤 세계가 따로 있는 것도 아니다. 오직 필요한 것은 그 이름에 해당하는 것이, 따로 존재하는 것이 아니라는 것을 알아차리는 것뿐이다.

지금 여기 둘이 아닌 마음을 한 번 볼 수 있으면(卽見如來), 우리는 허구인 이름에 해당하는 물건이 마음 외에 따로 존재한다는 뿌리 깊은 믿음을 내려놓을 수밖에 없다.

삼조 승찬은 신심명에서 "지극한 도는 어렵지 않으니 다만 비교 간택을 꺼릴 뿐이다. 단지 좋아하고 싫어함만 없으면 도는 확연히 명백하다 (至道無難 唯嫌揀擇 但莫憎愛 洞然明白)."고 하였다. 즉 비교만 내려놓을 수 있으면 바로 낙원이라는 것이다.

우리의 삶은 눈만 뜨면 비교에 시달린다. 그래서 비교에 집착하여 힘들어한다. 그런데 알고 보면 정작 우리를 힘들게 하는 것은, 어느 누구도 아닌 비교에 잡혀 있는 나 자신일 뿐이다.

그러나 조심할 일이 있다. 위 말에도 속지 말라는 것이다. 위 말에 동의해도 속는 것이요, 반대해도 속는 것이다. 동의도 말을 따라간 것이고, 반대도 말을 따라간 것이기 때문이다. 마음은 마음이 아니라, 그 이름이 마음이다. "마..음.."뿐이다.

이제 이야기를 마무리하자. 나와 당신의 갈등, 사회적 갈등, 국가 간의 갈등 등 모든 갈등은, 마음 외에 마음이 만들어 낸 이름에 해당하는 물건이 따로따로 존재한다고 믿는 데서 시작된다.

그렇다면 나를, 당신을, 사회를, 국가를 구원하는 유일한 길은 확연한 셈이다. 마음 외에 한 물건도 없으니, 마음 외에 따로 우상(偶像)을 두지 않는 것이다.

우상을 우상인 채로 두고 우리의 문제를 해결하자는 것은, 그야말로

276

망상(妄想)이다. 사람을 속이는 일이다. 역사적으로 인류 문제를 단 한 번도 제대로 해결하지 못한 것은, 우상을 우상인 채로 두고 문제를 해결하자고 하는데 그 원인이 있다 할 것이다.

84. 지족(知足)

만일 우리가 지금 겪고 있는 현실을 두고 불행하다고 생각한다면 그이유는 무엇일까? 이와 반대로 행복하다고 생각한다면 그 이유는 무엇일까?

참말로 추(醜)해서 불행한 것일까? 그것은 추해서 불행한 것이 아니라, 아름다움(美)과 비교하기 때문이다.

참말로 천(賤)해서 불행한 것일까? 그것은 천해서 불행한 것이 아니라, 귀함(貴)과 비교하기 때문이다.

참말로 집이 누추해서 불행한 것일까? 그것은 집이 누추해서가 아니라, 화려한 집과 비교하기 때문이다.

참말로 학교를 못 다녀서 불행한 것일까? 그것은 학력이 낮아서 불행한 것이 아니라, 고학력자와 비교하기 때문이다.

참말로 몸이 약해서 불행한 것일까? 그것은 몸이 약해서가 아니라, 튼튼한 사람과 비교하기 때문이다.

더 이상 하나하나 열거할 필요가 있을까? 모든 행(幸), 불행(不幸)은 비교에서 오는 것이다.

그런데 위에서 말한 미추·귀천 등 모든 비교치(比較値)들이 참말로 실재하기는 하는 것일까? 그것들은 실체가 없는 이름뿐이지 않는가? 어느 누구도 부인하지 못할 아름다움·추함·귀함·천함을 내놓아 보라! 가능한가? 그것은 불가능한 일이다. 시대에 따라, 지역, 문화에 따라 그 기준이 모두 다른 것을 보면, 아마도 그것들은 실체가 없는 그림자 같은 이름일 뿐일 것이다.

부처는 금강경에서 "삼라만상이 모두 허망하여 이름일 뿐이다. 만약 이와 같이 볼 수 있으면 바로 여래를 보는 것이다. 일체 만물은 꿈같고 환상 같고 거품 같고 그림자 같고 이슬 같고 번갯불 같으니 마땅히 이와 같이 볼 것이다(凡所有相 皆是虛妄 若見諸相非相 卽見如來 一切有爲法 如夢幻泡影 如露亦如電 應作如是觀)."고 하였다.

이조 혜가는 달마에게 "마음이 아파서 불행합니다."라고 말했다. 그러자 달마는 혜가에게 "그 아픈 마음을 내놓아 보라."고 채근한다. 아픔이라는 것이 따로 있는가? 이름일 뿐이지! 여기서 혜가는 마음이 아파서 불행한 것이 아니라, 아픔이라는 물건을 따로 만들어 내서 아프지 않음과 비교하기 때문에 불행한 것임을 깨달았다.

삼조 승찬이 이조 혜가에게 "죄(罪)가 많아서 불행합니다."라고 말했다. 이조 혜가는 승찬에게 "그 죄를 내놓아 보라."고 채근한다. 죄라는 것이 따로 있는가? 이름일 뿐이지! 여기서 승찬은 죄가 많아서 불행한 것이 아니라, 비교하기 때문에 불행한 것임을 깨달았다.

즉 이조 혜가와 삼조 승찬은 비교의 허망함을 보고 비교에서 벗어나 지족(知足)을 되찾았던 것이다. 그것은 비교하기 전 우리의 본래면목(本來面目)이 처음부터 지족이었기 때문이다.

그래서 부처를 두고 지족(知足)이라고 부르기도 한다. 그런데 그것이 어디 부처 혼자만의 일일까? 우리 모두의 일이다. 그래서 우리 모두는 평등하여 지족일 수 있으며, 분별인 비교에서 벗어날 수 있어 모두 둘이 아닌 하나인 것이다. 만물은 모두 분별이 만들어 낸 이름일 뿐인, 실체가 없는 것들이기 때문이다.

지혜(智慧)라 함은 분별력이 뛰어나서 사리에 밝은 것을 두고 하는 말이 아니다. 이것은 그저 하나의 분별일 뿐이니까. 그 뛰어나다는 분별력이 지족을 가져오는 것은 아니다. 깨달음이 지혜이다. 즉 무심(無心)할 수 있는 힘이 지혜이다. 분별에서 놓여나, 분별을 따라가지 않을 수 있는 것이 바로 지혜이다.

280

그저 분별에서 놓여나, 마음 가는 대로 살 수 있는 힘이 지혜라는 뜻이다. 무심한 어린 아기가 그렇고, 여우에게 잘 걷는다는 칭찬을 듣기 전에 무심히 걷던 지네의 걸음걸이가 그렇다.

하루는 여우가 네 발을 질서 있게 움직이는 자신의 모습을 보고 스스로 자랑스러워하던 차에, 지네가 수십 개의 발을 차례로 움직여 가고 있는 것을 보고 "너는 정말 대단하다. 어떻게 그 많은 다리를 한 번도 꼬이지 않고 질서 있게 움직일 수 있느냐!"고 찬탄하였다. 칭찬을 들은 후 지네는 자기가 따로 있어 그 자기가 걷는 줄로 착각한 후부터, 다리가 꼬여 걷지 못하였다는 우화가 있다. 즉 마음에 맡겨 무심히 무위(無爲)로 걸으면 될 일을, 자기(ego)가 유위(有爲)로 걸으려고 하니까 못 걷게 되었다는 뜻이다.

무심한 보살은 생로병사에 순응도, 저항도 하지 않는다. 그저 자연의 일부로 받아들인다. 이제 그는 물같이 살 수가 있게 되었다. 낮은 곳을 마다하지 않고 흐르며 막히면 돌아갈 줄 알고, 구정물도 마다하지 않고 어떤 그릇에나 담기고, 끊임없이 흘러 바위도 뚫어 내고, 때로는 폭포처럼 장엄하여, 결국 바다에 이르는 물처럼 말이다.

이것이 어찌 의도하여 그렇게 되는 것이겠는가? 그저 둘이 아닌 자연으로 돌아가, 자연과 하나가 된 사람의 자연스런 삶의 모습일 뿐이다. 그는 존재하는 그 자체만으로 가정을 편하게 하고, 만나는 사람을 편하게 할 수 있으며, 사회의 갈등을 줄일 수 있는 사람이다. 이를 두고 우리는 그를 지혜로운 사람이라 한다.

우리는 "행복은 행복일 뿐이고 불행은 불행일 뿐이다."고 알아 왔다. 그런데 행복과 불행은 우리의 분별이 만들어 낸 실체가 없는 이름뿐임을 깨달았다. 즉 행복이 행복이 아니고 불행이 불행이 아니라, 그 이름이 행복이고 그 이름이 불행이었던 것이다. 이제 행(幸), 불행(不幸)에 무심하게 되었다. 그것들이 모두 둘이 아닌, 지금 여기 일이기 때문이다. 이때 우리는 진정 행(幸), 불행(不幸)의 분별로부터 벗어나 쉴 수 있으며, 안심에 이를 수 있는 것이다.

이를 두고 불교에서는 열반(涅槃) 또는 지족(知足)이라 한다. 아무리 행복하다 해도 그 행복이 불행에 대한 반대 개념의 행복이라면, 그것은 행복이 아니다. 그것은 행복을 잃을 것에 대한 두려움이 언제나 따르기 때문에, 진정한 행복은 아니다.

이제 우리는 지족(知足) 열반(涅槃)을 가슴에 지닌 채, 행과 불행이 따로따로 있는 듯이 보이는 이 사바세계를 살아가야 한다. 우리가 몸담고 사는 사바세계 외에 다른 세상은 없다. 출세간이 세간이고 세간이 출세간이다. 둘이 아니다.

모든 분별이 말과 모양을 따르면 망상이고, 말과 모양을 따르지 않으면 보리이다. 그러므로 둘이 아닌 출세간의 안목으로, 만물로 나누어진 세간을 살아가는 것이다(入塵垂手).

그는 시공간 속에서 살되, 시공간을 산 바가 없다. 그러므로 그는 가되 간 바 없고, 오되 온 바 없으며, 하되 하는 바 없이 사는 사람이다. 그는 둘이 아닌, 있는 그대로의 삶을 사는 사람이고, 실체가 없는 만물을 소유하며 사는 사람이 아니다.

85. 일 없는 사람

내가 아는 어느 도인(道人)은
도대체 하는 일이 없다.
그래서 일 없는 사람(無事人)이라고 하는가 보다.

욕심을 내면서도 없애려고 하지 않고
화를 내면서도 평정하려고 하지 않고
불안해하면서도 태연하려고 하지 않고
어리석으면서도 배우려고 하지 않는다.

하여간 그에게는
욕심도 화도 불안도 어리석음도
좋은 것도 아니고 나쁜 것도 아닌가 보다.

그래서 그런지 취하려고도, 버리려고도 하지 않는다.
도대체 하는 일이 없다.
그래서 일없는 사람이라 하는가 보다.

영원한 지금

출세간의 안목으로 세간을 산다
(入廛垂手)

옛 살림 그대로이니
산은 역시 산이고 물은 역시 물이다

시정(市井)에 머물며 값도 흥정하고
선악도 가리며 살아가네.

86. 을지문덕 장군이 진군할 때
울린 북소리를 가져오너라

　과거 현재 미래가 그 이름일 뿐, 그 과거라는 것이 따로 없고, 현재라는 것이 따로 없고, 미래라는 것이 따로 없다(過去心不可得 現在心不可得 未來心不可得). 과거 일을 말해도 지금 여기 일이고, 현재 일을 말해도 지금 여기 일이며, 미래 일을 말해도 지금 여기 일이다.

　동서남북 상하좌우 내외가 그 이름일 뿐, 그 동서남북이라는 것이 따로 없고, 상하좌우라는 것이 따로 없고, 내외라는 것이 따로 없다. 동쪽 일을 말해도 지금 여기 일이요, 은하계(銀河系) 너머 일을 말해도 지금 여기 일이요, 바다 속을 말해도 지금 여기 일이요, 미국 일을 말해도 지금 여기 일이며, 수평선 너머를 바라봄도 지금 여기 일이다. 장미의 아름다움도 지금 여기 일이요, 할미꽃의 소박함도 지금 여기 일이요, 사물의 장단·대소·강약·미추가 모두 지금 여기 일이다.

　지금 여기 일일 뿐이다. 그래서 부처는 금강경에서 "지금 여기 일 외에 따로 존재한다고 보는 삼라만상이 모두 허망하여 이름일 뿐이다. 만약 이와 같이 볼 수 있으면 바로 여래를 보는 것이다(凡所有相 皆是虛妄 若

見諸相非相 卽見如來)."고 하지 않는가?

　즉 지금 여기 일일 뿐이니, 그 말과 모양을 따라 지금 여기 일 외에 이름에 해당하는 것이 따로 있다고 생각한다면, 이것을 두고 망상(妄想)이라고 한다. 그래서 태양이 떠오르는 것도 지금 여기 일이요, 지구가 공전함도 지금 여기 일이요, 만유인력(萬有引力)도 지금 여기 일이요, 앞마당에 나팔꽃이 피는 것도 지금 여기 일이요, 갑순이의 아름다움도 모두 지금 여기 일이다.

　만법(萬法)이 지금 여기 일로 귀일된다. 제자가 그 하나의 낙처(落處)를 묻자, 조주는 "뜰..앞..의..잣..나..무..다.."고 하였다. "뜰..앞..의.. 잣..나..무..다.."는 만법의 진면목이다. 과거 현재 미래의 진면목이요, 동서남북 상하좌우의 진면목이요, 선악·미추의 진면목이요, 나와 너의 진면목이다.

　말과 모양만 따르지 않는다면, 견문각지 어묵동정의 일상생활 순간순간이 모두 만법 귀의의 진면목일 뿐이다. 그래서 부처는 금강경에서 "만법이 모두 허망하니 지금 여기 일이 바로 여래이다(若見諸相非相 卽見如來)."라고 하지 않는가?

　선지식 백봉 김기추 거사는 제자들에게 "을지문덕 장군이 진군할 때 울리던 북소리를 가져와라."고 채근하시곤 하였다.

288

석가를 만나기를 원하는가?
"석..가..모..니..불.." 하고 불러 보자.

돌아가신 부모님을 만나고자 하는가?
"아..버..지..", "어..머..니.." 하고 불러 보자.

뜰 앞의 장미가 되고 싶은가?
물끄러미 뜰 앞의 장미를 바라보자.

바람이 되고 싶은가?
바람 소리에 귀를 기울여 보자.

"둥..둥..둥..둥..둥.."
지금 여기 일이 아니겠는가!

87. 가되 간 바가 없다

우리의 일상이 어느 순간이나 주객합일이 아닌 적이 없다. 어찌 눈(佛眼)을 떠나 보이는 대상이 따로 있을 수 있으며, 귀(佛耳)를 떠나 들리는 소리가 따로 있을 수 있겠는가? 언제나 주객합일이어서, 마음과 물질이 둘이 아니요(理事無碍), 물질과 물질이 둘이 아니다(事事無碍).

그러나 우리의 분별은 주관이 따로 있고, 객관이 따로 있다고 망상을 한다. 주관과 객관을 따로 나누고는, 주관은 마음이요, 객관은 물질세계라고 여긴다.

그러나 있는 그대로의 실상은 언제나 주객합일이다. 오고 감이 끊어지고 생사가 끊어지고 말과 침묵이 끊어진 절대의 세계와 오고 감이 있고 생사가 있고 말과 침묵이 구별되는 상대의 세계가, 사실은 둘이 아닌 합일인 것이다.

이제 말해 보라. 주객합일의 이 실상에서 오고 감이 있다고 할 것인가? 오고 감이 없다고 할 것인가? 생사가 있다고 할 것인가? 생사가 없다고 할 것인가? 말과 침묵이 있다고 할 것인가? 말과 침묵이 없다고 할 것인가?

선사들은 "가되 간 바가 없고, 오되 온 바가 없으며, 말하되 말한 바 없고, 침묵하되 침묵한 바 없다."고 한다. 어느 선사는 "평생 천하를 주유하였어도 언제나 한 발 움직이기 전 자리였다."고 하였다. 석가는 "평생 법문을 하였는데도 한마디도 한 바가 없다. 도솔천을 떠나기 전에 이미 가빌라 왕궁에 태어났다."고 하였다.

가되 간 바 없고, 오되 온 바 없으며, 말하되 말한 바 없으니, 시공간에서 일어나는 모든 일이 일어난 바 없음이다. 유위 즉 무위(有爲卽無爲)이다. 이를 두고 부처는 금강경에서 "일체 만물은 꿈같고 환상 같고 거품 같고 그림자 같고 이슬 같고 번갯불 같으니 마땅히 이와 같이 볼 것이다(一切有爲法 如夢幻泡影 如露亦如電 應作如是觀)."고 하였다. 가되 간 바가 없고, 오되 온 바가 없으며, 말하되 말한 바 없음을 두고, 달리 무엇이라 할 것인가?

그렇다면 만법이 주객합일이어서 둘이 아니라면, 그 둘이 아닌 하나의 귀결처는 어디인가(萬法歸一 一歸何處)?

악!
무더운 날씨에 몸조심 하십시오.

88. 행복은 어디에 있을까?

　행복은 미래의 것이 아니다. 더욱이 과거의 것도 아니다. 만약 우리가 행복을 미래의 것이라 하고 그를 찾아 길을 떠난다면, 반드시 실패할 것이다. 행복은 지금 여기의 일이다. 우리가 행복을 지금 여기에서 발견하지 못하고 미래의 것으로 미룬다면, 행복은 영원히 잡을 수 없는 무지개일 뿐이다.

　행복은 지금 여기 일인 것이다. 지금 여기 있는 그대로가 행복의 필요충분조건이다. 또 다른 조건이 필요하다고 하면, 여러분은 행복한 것이 아니다.

　만일 우리가 배우자에게 지금 여기 있는 그대로 외에 다른 조건을 요구한다면, 당신은 사랑이 없는 것이다. 사랑은 상대방을 자유롭게 하는 것이지, 지배하거나 소유하는 것이 아니다.

　우리는 살면서 예쁘다·밉다·현명하다·어리석다·부지런하다·게으르다·용기 있다·비겁하다·부자다·가난하다·착하다·악하다는 등

등 수많은 비교치를 익혀 왔다.

그 비교치에서 우리는 항상 예쁘고 현명하고 부지런하고 용기 있고 부자이고 착함을 취하고, 그 반대되는 밉고 어리석고 게으르고 비겁하고 가난하고 악한 것을 버려야 한다고 하며 살아왔다.

그러나 자세히 들여다보자. 과연 그러한 것들이 실재하는 것일까? 우리의 얼굴은 예쁜 것도 미운 것도 아닌 있는 그대로이다. 마찬가지로 우리의 삶은 부지런하다·게으르다·현명하다·어리석다·부자이다·가난하다·착하다·악하다고 이름 지을 수 없는 있는 그대로이다.

이름을 짓고 분별하는 데서, 온갖 갈등이 일어난다. 우리가 찾아 떠나는 이와 같은 무지개 같은 개념들이, 우리를 분열시키고 불행으로 끌고 간다.

배우자의 있는 그대로를 수용하고 허용하라. 자기의 이중적 잣대로 배우자를 단죄하고 심판하지 말라. 자기의 잣대를 배우자에게 요구하는 것은, 그를 지배하고 소유하려는 것이다. 배우자를 당신의 잣대로부터 해방시켜라. 다시 말하지만 사랑은 상대를 자유롭게 하는 것이지, 지배하고 소유하는 것이 아니다.

부부 사이에서 선을 요구하고 악을 버리라면서 당신의 잣대를 요구하면, 행복은 이미 날아가 버린 파랑새일 뿐이다. 성경에서도 "아담과 이브가 선악과를 따먹고 낙원을 잃었다."고 한다. 선은 취해야 할 무엇이고 악은 버려야 할 무엇으로 생각하여, 상대에게 선을 요구하면서 이들은 낙원을 잃은 것이다.

이들은 지금 있는 그대로에서, 추가로 선(善)이 있어야 행복한 것으로 생각했다. 선을 이룩해야 한다고 믿고 착한 사람이 되려고 노력하게 되었다. 그래서 그들은 지금 여기는 행복한 자리가 아니고, 추가로 선이 이룩되어야 행복할 수 있다고 생각하게 되었다. 이들은 스스로 불행한 사람이 된 것이다.

옛날 어느 현자가 딸이 시집갈 때 딸에게 "시집가면 착하려고 하지 마라."고 하였다. 그러자 딸이 "그렇다면 악한 사람이 될까요?"라고 하니, 그 현자는 "내가 착한 것도 요구하지 않는데, 하물며 악한 것을 요구하겠느냐?"라고 하였다.

부부간에, 시부모와 며느리 간에 자기의 잣대를 요구하지 말자. 자기의 잣대를 요구함은 그를 지배하려 함이요, 소유하려 함이다. 우리의 본성은 자유로울 때 진정 행복한 것이다.

삼조 승찬은 신심명에서 "지극한 도는 어렵지 않으니 다만 비교 간택을 꺼릴 뿐이다. 단지 좋아하고 싫어함만 없으면 도는 확연히 명백하다 (至道無難 唯嫌揀擇 但莫憎愛 洞然明白)."고 하였다. 즉 지극한 도(행복)는 어렵지 않으니, 다만 비교로부터 자유로우면 행복인 것이다. 비교의 잣대를 상대에게 요구하면 행복은 사라진다.

비교를 버릴 때, 무질서를 겁내나? 비교를 버리면, 거기에 지혜가 있다.

사람은 세상을 있는 그대로 보지 못하고, 자기의 기준을 가지고 보기 쉽다. 사람은 마땅히 이래야 한다. 나는 이런 사람이다. 내 아내는 이런 사람이어야 한다. 내 남편은 이런 사람이어야 한다. 내 며느리는 이런 사람이어야 한다. 내 사위는 이런 사람이어야 한다.

나의 기준을 가지고 사람이나 사물을 본다. 자기의 기준에 미치지 못하면, 여기에서 미움과 갈등이 일어난다. 그 차이가 클수록 행복과는 멀어지는 것이다.

내 남편은, 내 아내는, 내 아이는 마땅히 이러해야 한다는 기준을 가지고 상대를 보는 데서, 두 사람 사이에 미움과 멸시가 돋아나기 시작한다. 그들 사이에는 평화가 없다. 행복이 없다.

왜 우리는 자기의 기준을 고집할까? 그것은 상대를 소유하고 지배하려는 데 있다. 상대로 하여금 자꾸 무엇인가 부족하다는 느낌을 강요하여, 내 앞에서 부족한 사람으로 남게 하려는 것이다.

있는 그대로 존재하고자 하면, 자기의 잣대와 기준을 버려야 한다. 그 기준을 내려놓을 때, 그는 비로소 지족(知足)할 수 있다. 지족한 사람은 누구도 지배하려 하지 않는다. 그는 기준이 없어서, 누구에게도 이를 요구하지 않기 때문이다. 마찬가지로 우리는 지족한 사람을 지배할 수 없다. 지족한 사람만이 자유로운 사람이다. 누구도 지족한 사람은 부릴 수가 없다.

89. 소유냐 삶이냐?

부처님 명칭으로 지족(知足)이 있다. 즉 부처님은 족(足)한 분이다. 구함이 없음을 지족이라 하겠다. 부족이 있어 구함이 있는데, 어찌 족하다 하겠는가? 구함이 있다는 것은 무엇을 뜻할까? 있는 그대로를 누리지 못하고 분별을 쫓는다는 것이다.

만물은 연기(緣起)하므로, 이것이 있어 저것이 있고 저것이 있어 이것이 있다. 좌가 없으면 우가 없고 상이 없으면 하가 없다. 안이 있어 밖이 있고 밖이 있어 안이 있다. 과거가 있어 미래가 있고 미래가 있어 과거가 있다. 선이 있어 악이 있고 악이 있어 선이 있다. 소유(所有)가 있어 무소유(無所有)가 있다.

한쪽이 존재하려면 다른 한쪽이 있어야 한다. 혼자서는 존재할 수 없다. 따라서 우리가 각기 따로따로 존재한다고 믿는 이 세상 만물은, 한 물건도 따로따로 존재하는 것이 없다. 따로 존재한다고 믿고 그를 취하고 버림을 일러 "분별을 쫓는다."고 한다. 따로 존재한다고 망상을 하고 분별을 쫓는 것이 구함이다. 구함이 부족(不足)이다. 소유를 구함도, 무소유를 구함도 모두 나를 잃고 분별을 쫓음이다. 거기에는 항상 부족이 있다.

소유를 구하는가? 당신은 족하지 못한 것이다. 무소유를 구하는가? 당신은 족하지 못한 것이다. 일체 분별을 쫓음이 소유를 구함이다. 비록 물질만이 아니다. 진(眞)을 취함도 소유를 구함이요, 선(善)을 취함도 소유를 구함이요, 미(美)를 취함도 소유를 구함이다.

물질을 버리려 함도 무소유를 구함이고, 진을 버리려 함도 무소유를 구함이요, 선을 버리려 함도 무소유를 구함이요, 미를 버리려 함도 무소유를 구함이다.

무소유라 하여 무소유를 쫓는다면, 소유를 쫓아 힘들어하던 우리는 이제 다시 무소유를 쫓게 된다. 이를 두고 평지풍파(平地風波)라 한다. 양변을 놓아 소유도 무소유도 취사하지 않음이 진정한 무소유(無所有)이다. 무소유는 소유 문화에 대한 약 처방일 뿐이다. 병이 나으면 약은 필요 없다. 소유도 생각하지 말고 무소유도 생각하지 말고, 가던 길이나 갈 것이다.

혜능은 "선도 구하지 말고 악도 구하지 않아야(不思善 不思惡), 있는 그대로를 증득할 수 있다."고 하였다.

90. 지인(至人) 삼무(三無)

장자(莊子)는 "지인무기(至人無己), 신인무공(神人無功), 성인무명(聖人無名)"이라고 하였다

지인무기(至人無己)다. "지극한 사람은 자기라는 것이 없다."는 뜻이다. 즉 불교의 무아(無我)이다. 지인(至人)은 만물과 짝하지 않는 사람이므로, 나라는 것이 없다. 도대체 그를 두고 잘났다든가, 못났다든가, 보통이라던가 이름을 붙일 수 없다. 잘났는가 하면 못났고, 못났는가 하면 잘났고, 보통은 된다 하면 비범하고, 종잡을 수가 없다. 있는 그대로이어서, 세속인의 잣대로는 잴 수가 없다. 이는 허공을 잴 수 없는 것과 같다. 그는 모든 이름에서 벗어나 있다. 그래서 무아이다.

신인무공(神人無功)이다. "신인(神人)은 공이 없다."는 뜻이다. 담뱃불로 인하여 집에 불이 났을 때, 소방서에 연락을 한다든가, 물동이에 물을 길어다 붓는다든가, 신통술을 발휘해 비가 오게 한다면 그 공이 크다. 그 사람에게는 그 공에 해당하는 사례가 따른다. 그러나 불이 나기 전에 발로 담뱃불을 끈 사람은 공이 없다. 집에 아직 불이 나지 않았는데, 발

로 담뱃불을 끈 것이 무슨 공이 되겠는가?

　신인(神人)은 분별에서 벗어난 사람이다. 분별이 모든 갈등의 원인이다. 갈등은 우리를 힘들게 한다. 갈등이 개인이나 사회나 국가에 있을 때, 이를 해결하는 사람들이 있게 된다. 이들은 갈등을 진화하는 데 공을 세운다. 그러나 신인은 분별에서 벗어나 있어, 갈등을 일으키지 않는다. 갈등의 싹을 키우지 않는다. 신인이 있어 그 집안, 그 사회, 그 국가가 평화롭다. 그러나 그 평화는 신인의 공이 되지 않는다. 도대체 신인이 평화를 위해 한 일이 없기 때문이다. 그래서 신인은 하는 바 없어 무위(無爲)요, 따라서 무공(無功)이다.

　장자(壯子)에 나오는 말이다.

　작은 선비(小士)는 재리(財利)를 위해 평생을 헌신하고
　중간 선비(中士)는 가(家)의 명예를 위해 평생을 헌신하고
　큰 선비(大士)는 국가를 위해 평생을 헌신하고
　성인(聖人)은 천하를 위하여 평생을 헌신한다.

　여기서의 성인(聖人)은, 스스로 자기를 성인이라고 여기는 사람이다. 그러나 이들은 둘이 아닌 자기의 본성 즉 있는 그대로를 잃었다는 데서는 모두 같다. 이들은 모두 유위(有爲)에 머무는 사람으로, 하는 바가 있어 공이 있는 사람들이다. 이들의 공에 대해, 사람들은 업적을 기리고 이들을 위해 공덕비를 세운다. 그러나 신인(神人)에게는 공덕비가 있을 수

없다. 그는 하는 바 없어 공이 없기 때문이다.

성인무명(聖人無名)이다. "성인(聖人)은 이름이 알려지지 않는다."는 뜻이다. 여기서의 성인(聖人)은, 분별을 넘어선 사람이다. 그는 천하를 위하여 하는 일이 없다. 무사인(無事人)이다. 하는 일이 없어, 공이 없다. 도대체 우리들의 눈에는 시중의 갑남을녀와 다를 바가 하나도 없다. 빛을 드러내지 않고 세속과 함께 하며(和光同塵), 둘이 아닌 안목으로 세상에 머문다(入廛垂手). 그러므로 성인은 무명이다.

바다에서 물고기를 잡아다가 어항에 넣고 때맞추어 물을 갈아 준다. 물고기로서는 얼마나 고마운 일인가? 그의 덕을 칭송하고 이름을 기억한다. 그는 세속에서 말하는 성인(聖人)이다.

그러나 진정한 성인은 바다에서 물고기를 잡아 어항에 넣는 일을 하지 않을뿐더러, 어항에 있는 물고기도 다시 바다에 놓아준다. 물고기는 그를 모를뿐더러, 알더라도 곧 잊는다. 그래서 그는 무명이다.

91. 탐진치(貪嗔痴) 그대로가 해탈이다

탐진치(貪嗔痴)는 나쁜 것이므로, 닦아 없애서 계정혜(戒定慧) 삼학(三學)을 이루어야 하는 것인가? 탐진치로 더럽혀진 세상이 따로 있고, 계정혜 삼학이 이루어진 깨끗한 세상이 따로 있는 것인가? 우리가 석가의 가르침을 배우기 전에는, 탐진치(貪嗔痴)와 계정혜(戒定慧)를 전혀 다른 세상으로 알았다. 그러나 석가의 가르침을 접하고는, 이들이 둘이 아님을 알았다.

계정혜가 나의 얼굴이듯이, 탐진치도 나의 얼굴로 모두 나의 양면이니, 어느 얼굴을 취하고 어느 얼굴을 버릴 것인가? 나 자신은 취할 수도 없을뿐더러, 버릴 수도 없다.

탐진치 그대로가 진실이요, 계정혜 그대로가 진실이어서 둘인 듯 둘이 아니다. 탐(貪)을 버리고 계(戒)로 가야 한다던가, 진(嗔)을 버리고 정(定)으로 가야 한다던가, 치(痴)를 버리고 혜(慧)로 가야 한다고 한다면, 불이(不二)를 주장하면서 실은 둘인 분별을 쫓고 있음이다. 욕심낼 때도 내가 드러남이요, 성낼 때도 내가 드러남이요, 어리석음도 내가 드러남

영원한 지금

일 뿐이다. 마찬가지로 계(戒)도 내가 드러남이요, 정(定)도 내가 드러남이요, 혜(慧)도 내가 드러남이다.

도대체 여래(如來) 아님이 없다. 어느 일도 나 아님이 없으니, 순간순간 나를 확인함이 우리 공부다. "저..것..을.. 갖..고.. 싶..다.."가 본래의 나이고, "너..와.. 나..는.. 둘..이..다.."가 본래의 나이다.

"한나라 개는 돌덩이를 쫓고 사자는 사람을 문다(韓獹逐塊 獅子咬人)."고 하였다. 어느 경우, 어느 때나 모양과 이름을 쫓지 않고 나를 확인한다면, 이것이 곧 사자가 사람을 무는 것이다. 화남과 화나지 않음을 둘로 나누어, 화남을 버리고 화나지 않음을 쫓지 말 것이다. 그렇다면 스스로 둘로 나뉨에 묶이는 것이 된다. 탐진치를 두려워할 것이 아니다. 다만 탐진치와 계정혜를 둘로 보는 망상을 두려워해야 한다. 날아가는 새가 두 날개로 날 듯이, 이 세상도 탐진치와 계정혜 두 날개로 나는 것이다.

탐진치와 계정혜는 둘이 아니다. 우리의 본래면목을 두고 마음이라 한다면, 탐진치도 계정혜도 마음의 연기적인 양면일 뿐으로, 둘로 나눌 수 없는 것이다. 그러므로 이들이 마음을 떠나 따로따로 존재한다고 한다면, 이는 이름일 뿐이고 실재하는 것이 아니다. 이름을 붙이기 이전이니, 실상은 탐진치도 아니요, 계정혜도 아니며, 나쁜 것도 아니요, 좋은 것도 아니다. 공연히 이름을 붙여 따로따로 존재하는 것으로 만들어, 우리들이 취사하는 것뿐이다.

탐진치는 탐진치가 아니라 그 이름이 탐진치요, 계정혜는 계정혜가 아니라 그 이름이 계정혜이다. 이름을 붙이기 전의 탐진치 그대로가 여래이며, 이름을 붙이기 전의 계정혜 그대로가 여래이다.

만일 우리가 우리 내면에서 탐진치를 버리고 계정혜를 취한다면, 우리 마음은 갈등으로 가득하게 된다. 자기의 다른 면을 부정하는 것이요, 한 면이 다른 한 면을 억제함이니, 여기에는 사랑이 없다. 자기 자신을 사랑할 수 없는데, 어찌 세상에 대한 사랑을 말할 수 있겠는가?

탐진치와 계정혜가 둘이 아니고, 선과 악이 둘이 아니다. 탐진치가 탐진치가 아니요, 계정혜가 계정혜가 아니다. 선이 선이 아니요, 악이 악이 아니다. 모두 이름일 뿐이다.

제자가 "그렇다면 세상은 혼란에 빠지는 것이 아닙니까?"라고 묻자, 스승은 "이놈아! 너는 배가 뒤집히기도 전에 스스로 물에 뛰어드는 놈이로구나."라고 하였다.

걱정 안 해도 좋을 것이다. 우리 내면에서 취하고 버리지만 않는다면, 탐진치와 계정혜 간에 갈등이 없고, 선과 악 사이에도 갈등이 없다. 원효 스님 말씀대로 여기에 화쟁(和爭)이 있다. 또한 여기에서는 둘이 아닌 안목이 균형추 역할을 한다.

돌이켜보면 이 세상은 선악 간의 싸움터이다. 이 싸움터에서 우리는

영원한 지금

선이 이기기를 기대한다. 선이 악을 물리쳐서 선만이 있는 세상이 올 것이라 본다.

얼마나 바보 같은 소리인가? 선악이 본래 이름일 뿐인데, 누가 이기고 누가 지겠는가? 그래서 실체가 없는 선악 간의 싸움은 끝날 날이 없는 것이다.

92. 나 이외 다른 신(神)을 섬기지 말라

석가는 "천상천하에 오직 이것, 분별 이전의 둘이 아닌 지금 여기 나(如來)만이 홀로 존귀하다(天上天下 唯我獨尊)."고 했다.

과거 현재 미래가 모두 지금 여기 일이고, 동서남북 상하좌우가 모두 지금 여기 일이며, 만물이 모두 지금 여기 일이다. 모두 지금 여기 일로, 둘이 아닌 불이(不二)다. 즉 여래인 나뿐이다. 시간과 공간이 둘이 아니요, 동서남북이 둘이 아니요, 과거 현재 미래가 둘이 아니요, 만물이 둘이 아니다.

지금 여기 여래요, 유아독존인 나일 뿐, 한 물건도 따로 없다. 육조 혜능도 "본래 한 물건도 없다(本來無一物)."고 하였다.

과거도 지금 여기 여래인 나일 뿐이고, 현재·미래도 지금 여기 여래인 나일 뿐이고, 동쪽도 지금 여기 여래인 나일 뿐이고, 서쪽·남쪽·북쪽도 지금 여기 여래인 나일 뿐이고, 만물이 각기 지금 여기 여래인 나일 뿐이다.

착함·귀함·아름다움·현명함·옳음·태연함·너그러움·계정혜(戒定慧)도, 모두 한결같이 지금 여기 여래인 나일 뿐이다. 악함·천함·추함·어리석음·틀림·초조함·인색함·탐진치도, 모두 한결같이 지금 여기 여래인 나일 뿐이다.

즉 모두 여래의 모습일 뿐, 따로 존재하는 것이 아니다. 이들을 따로 존재하는 것으로 보아, 어느 하나를 취하고 어느 하나를 버리려 한다면, 이는 석가의 가르침인 불이법(不二法)에 반하는 것이다.

지금 여기 일인 여래로서의 나 이외에 한 물건도 없다. 그러므로 따로따로 존재한다는 만물은 그림자요, 이름일 뿐이다. 이를 두고 부처는 금강경에서 "일체 만물은 꿈같고 환상 같고 거품 같고 그림자 같고 이슬 같고 번갯불 같으니 마땅히 이와 같이 볼 것이다(一切有爲法 如夢幻泡影 如露亦如電 應作如是觀)."고 하였다. 즉 일체 만물은 실체가 없는 그림자요, 환상이라는 것이다.

그럼에도 불구하고 우리들은 착함과 악함을 둘로 보고, 귀함과 천함을 둘로 보고, 아름다움과 추함을 둘로 보고, 옳다 틀리다를 둘로 보고, 현명함과 어리석음을 둘로 보고, 태연함과 초조함을 둘로 보고, 너그러움과 인색함을 둘로 보고, 탐진치와 계정혜를 둘로 보고, 하나는 취하고 하나는 버리려는 짓을 끊임없이 하여 왔다.

이는 지금 여기 여래인 나 이외에, 만물이 따로따로 존재한다는 것을 전제로 함이다. 이들을 둘이 아닌 여래인 나의 모습으로 보지 않아 취사와 갈등이 일어나니, 여기에 무슨 안심과 평화가 있겠는가?

기독교에서도 "나 이외에 다른 신(神)을 섬기지 말라."고 하였다. 이역시 여래인 나 이외에 한 물건도 따로 없으니, 이름뿐인 우상인 만물이따로 존재한다고 생각하고 만물을 취사하지 말라는 것이다. 하나는 섬기고 하나는 버리는 짓을 하지 말라는 가르침이다.

착함도 내 모습이고 악함도 내 모습이다. 모두 여래의 모습일 뿐이다. 자기 내면의 양면을 두고 취사하는 투쟁을 하며 살았으니, 거기에 무슨안심과 평화가 있을 것이며, 거기에 무슨 당당함이 있겠는가?

자! 이제 지금까지 구박만 하여 온 악함·추함·틀림·천함·어리석음·인색함·탐진치를, 여래인 내 모습으로 받아들이자! 아니 받아들이는 것이 아니라, 그들이 바로 피할 수 없는 여래인 나 자신인 것이다.

이제 우리는 지금 여기로, 주눅 들지 않고 활발발하게 살아갈 수 있게되었다. 이것이 여래의 본래 모습이요, 나의 본래 모습이다.

돌이켜 보면 우리는 여래의 양면인 선악을 두고, 하나는 버리고 하나는 취하는 갈등을 계속하며 살아왔다. 본래 이는 불가능한 것이었다. 불가능한 도전이었으니 언제나 실패할 수밖에 없었던 것이다. 선악을 모두 내 얼굴로 받아들일 때, 야기될 수 있는 혼란은 걱정하지 말 것이다.

세상의 평화는 나의 평화로부터 시작하는 것이 아니겠는가? 내가 선악의 갈등 속에서 사는데, 세상의 평화를 어찌 기대할 것인가!

이들이 모두 여래인 하느님의 일이 아닌가? 무엇을 근심할 것인가!

93. 은산철벽(銀山鐵壁)은 나(ego)였다

우리는 태어나서 늙어 가고 병들고 죽음을 맞는다. 태어남도 늙어감도 병에 시달림도 죽음을 맞는 일도 모두 고통이다. 모든 방법을 다 동원해도, 결국은 태어남을 피할 수 없고 늙어 감을 피할 수 없고 병들어 감을 피할 수 없고 죽음을 피할 수 없다. 생로병사(生老病死)의 은산철벽(銀山鐵壁) 앞에서 속수무책(束手無策)이다.

가정도, 회사도 모두 일시 머물다가 무너져 가며 소멸한다. 믿었던 가족, 친지, 친구를 떠나보내야만 하는가 하면, 어느 날 몸담고 있던 회사가 부도나 직장을 잃는다. 이루어진 것은 반드시 소멸하니, 그 성주괴공(成住壞空)을 피할 길이 없어 절망한다. 성주괴공이란 은산철벽 앞에서 속수무책이다.

믿었던 애인이 마음을 바꾸고 믿었던 친구가 배신을 한다. 마음은 고정됨이 없어 항상 변하며 생주이멸(生住異滅)한다. 변해 가는 마음을 잡을 길이 없어 절망한다. 생주이멸의 은산철벽 앞에서 속수무책이다.

사랑하는 가족도, 친구도 결국 죽음 앞에서는 헤어져야 한다. 시작이 있으면 끝이 있듯이, 만남이 있으면 헤어짐이 있다. 죽음은 결국 사랑도, 우정도 모든 것을 갈라놓는다. 시작이 있으면 반드시 끝이 있다. 아무리 사랑하는 사람이라도 반드시 이별하고야 만다(愛別離苦)는 은산철벽 앞에서 속수무책이다.

그뿐이겠는가? 만나고 싶지 않는 사람과 함께 하여야만 하는 경우도 있고(怨憎會苦), 넘치는 욕망 앞에서 채울 길이 없어 절망하기도 하고 (五陰盛苦), 깨달음을 구하고 열반을 구하고 부처되기를 구하나 이루어 지지 않는다(求不得苦). 모두 나로서는 어찌 해 볼 수 없는 은산철벽이 요, 속수무책이다.

화두(話頭), 공안(公案)을 타파하기 위하여 공부하다 보면, 결국 어찌 해 볼 수 없는 은산철벽을 만난다. 세상의 모든 학문이 아무 소용이 없 고, 아무리 머리로 헤아리려 해도 헤아릴 길이 없다. 수행자가 이런 상황 에 처했을 때를 일러, 은산철벽을 만났다고 한다. 세상이 주는 모든 답이 아무 소용이 없는 은산철벽 앞에서 속수무책이다.

그러나 세상일이 모두 지금 여기 내 일이다. 지금 여기 내 일 외에는 한 물건도 따로 없다. 그러므로 너도 나도 없고 만물이 따로 없다.

그러나 지금까지는 생로병사 하는 내가 있었고, 성주괴공 하는 내가 있었고, 생주이멸 하는 내가 있었고, 사랑하고 헤어지는 내가 있었고, 원수를 만나기 싫어하는 내가 있었고, 욕망을 조절하려는 내가 있었고, 열반을 추구하는 내가 있었다. 그런데 이것은 착각이요, 망상이었다.

이와 같이 내가 따로 있다는 착각, 망상이 모든 고난을 불러 온 것이었다. 내가 없으니 생로병사 할 물건이 따로 있지 아니하고, 내가 없으니 성주괴공 할 물건이 따로 있지 아니하고, 내가 없으니 생주이멸 할 마음이 따로 있지 아니하고, 내가 없으니 헤어짐도 만남도 제어할 욕망도 따로 있지 아니하고, 내가 없으니 구할 물건이 따로 있지 아니하다.

결국 은산철벽(銀山鐵壁)은 바로 나(ego)였던 것이다. 무아(無我)의 깨달음이, 우리 삶에서 은산철벽으로 다가오는 모든 고해로부터 해탈하게 한다. 내가 따로 없으니 한 물건도 따로 없다. 이 세상은 한 물건도 따로 없어, 실체가 없는 이름일 뿐인 꿈이다. 생로병사가 꿈이요, 성주괴공이 꿈이요, 생주이멸이 꿈이요, 만남과 헤어짐이 꿈이요, 욕망도 꿈이요, 추구함도 꿈이다.

꿈속의 나도 꿈의 일부일 뿐이다. 그 꿈속의 내가 할 수 있는 일은 아무것도 없다. 그저 꿈꾸어지는 대로 살 수 있을 뿐이다. 내가 따로 없으니 속수무책이라고도 할 수 없다. 아예 모든 시도가 처음부터 불가능이었던 것이다.

세상의 운행은 누가 하는가?
이에 대하여 조주는 "뜰.. 앞.. 의.. 잣.. 나..무.."라고 하였고

운문은 "똥.. 닦.. 는.. 막.. 대.. 기.."라고 하였고
임제는 "할(喝)"로, 덕산은 "방(棒)"으로 보여 주었다.

우리의 일상인 견문각지(見聞覺知) 어묵동정(語黙動靜) 행주좌와(行住坐臥)가 모두 지금 여기 여래의 일이다. 모든 생명 활동이 여래의 일이다.

내가 없으니, 내가 할 일이 하나도 없다. 하려고 하는 모든 시도가 애당초 불가능하다. 내가 없으니, 그가 바로 나(眞我)이다.

세상의 일을 그가 맡으니, 할 일이 없다. 비로소 우리는 쉴 수 있다. 안심입명(安心立命)이요, 무위(無爲)다.

94. 사랑

취사 없음이 사랑이요, 중도이다.

사랑은 이름 이전이요,

사랑은 비교가 없음이요,

사랑은 갈등이 없음이요,

사랑은 미워하고 좋아함이 없음이요,

사랑은 취사가 없음이요,

사랑은 모든 분별을 너머 선 자리이며

사랑은 평등이며

사랑은 만법의 귀의처이며

사랑은 만법의 어머니이며

사랑은 둘이 아닌, 하나 아닌 하나이다.

중도(中道)는 연기하는 만물을 품고 있다.

선도 내 얼굴이고 악도 내 얼굴이다. 계정혜도 내 얼굴이고 탐진치도 내 얼굴이다. 기쁨도 내 얼굴이고 슬픔도 내 얼굴이다. 너그러움도 내 얼굴이고 인색함도 내 얼굴이다. 용감함도 내 얼굴이고 비겁함도 내 얼굴이다. 자유도 내 얼굴이고 굴레도 내 얼굴이다.

귀함도 내 얼굴이고 천함도 내 얼굴이다. 아름다움도 내 얼굴이고 추함도 내 얼굴이다. 높은 것도 내 얼굴이고 낮은 것도 내 얼굴이다. 건강함도 내 얼굴이고 병약함도 내 얼굴이다. 부유함도 내 얼굴이고 가난함도 내 얼굴이다.

이뿐이겠는가? 연기(緣起)하는 국어사전의 모든 단어가 가리키는 것들이, 지금 여기 내 얼굴 아님이 없다. 결국 모든 만물이 지금 여기, 참나에 귀일된다. 이와 같이 만물을 모두 품고 있어, 나(眞我) 아님이 없다. 특별히 취할 것도 없고 특별히 버릴 것도 없다.

어느 것은 사랑하고 어느 것은 미워할 수가 없다. 내가 세상이고 세상이 나이니, 앞에서 말한 내 얼굴 모두가 곧 너의 얼굴이고 세상의 얼굴이다. 그 나를 온전히 받아들임이 사랑이다. 나를 사랑함이 세상을 사랑함이니, 나를 사랑함이 사랑의 시작이요, 마지막이다. 취사 없이 사랑함이다. 이것이 중도다.

그러므로 중도는 누구나 편할 수 있고 쉴 수 있는 고향이며, 우리의 안심입명처(安心立命處)이다. 즉 중도는 사랑이다.

모든 한 면, 한 면이 이름 없이 전적으로 나일 때, 거기에는 연기하는 다른 면이 따로 있지 않다. 즉 이름 없이 전적으로 굴레일 때, 거기에는 자유도 없고 굴레도 없다. 이름 없이 전적으로 악일 때, 거기에는 선도 없고 악도 없다. 이름 없이 전적으로 천할 때, 거기에는 귀함도 없고 천함도 없다. 이름 없이 전적으로 가난할 때, 거기에는 부유함도 없고 가난함도 없다. 이름 없이 전적으로 추할 때, 거기에는 아름다움도 없고 추함도 없다.

이뿐이겠는가? 연기하는 양면 중 그 한 면이 전적으로 너 없는 나일 때, 그 한 면뿐만 아니라 다른 면도 따라서 설 자리가 없어지는 것이다.

선악이 둘이 아님을 걱정하지 말 것이다. 선악이 둘이 아닐 때, 거기에는 공통분모인 마음이 있어 균형추 역할을 한다. 이 세상은 연기하는 양면의 세상이어서, 세상은 두 날개로 나는 것이다.

도대체 악이 없는 선이 어디 있고, 굴레 없는 자유가 어디 있고, 추함 없는 아름다움이 어디 있고, 천함 없는 귀함이 어디 있고, 슬픔 없는 기쁨이 어디 있고, 두려움 없는 태연함이 어디 있고, 가난함 없는 부유함이 어디 있겠는가? 취할 것도 버릴 것도 없다.

제자가 스승에게 "선악이 둘이 아니어서 버릴 것도 취할 것도 없다면, 세상은 무질서에 빠지는 것이 아닙니까?"라고 물었다. 이에 스승은 제자에게 "이놈아! 너는 배가 뒤집히기도 전에 물에 뛰어들 놈이로구나!"고 하였다.

성경에서 "아담과 이브가 선악과(善惡果)를 따먹고 낙원에서 쫓겨났다."고 하지 않는가? 우리는 세상의 안전을 선(善)에 의지하여, 그 선이라는 것이 나는 물론 우리 가정, 우리 사회를 안전하게 지켜줄 것으로 믿어 왔다. 그리고는 세상이 불안할수록 더욱 선을 강조하여 왔다.

그러나 그 선이라는 것은 언제나 우리의 바람을 배반하여 왔다. 오히려 선악의 대결 구도는 날이 갈수록 심해짐을 볼 수 있다. 가정에서도 그랬고 사회에서도 그랬고 국가 간에서도 그랬다. 그럼에도 불구하고 아직도 선이 우리의 최후 보루인 양 선에 매달리니, 갈등만 키워 갈 뿐이다.

95. 공부의 뜻은 세간(世間)에 있다

우리의 일상인 견문각지(見聞覺知) 어묵동정(語默動靜) 행주좌와(行住坐臥)가, 모두 있는 그대로의 지금 여기 일이다.

지금 여기 일을 각(覺) 또는 생명(生命)이라고도 한다. 제자들이 "지금 여기 일이 무엇입니까?", "각(覺), 생명(生命)이 무엇입니까?"라고 물었다. 선사들은 우리의 일상을 그대로 보여 주는 것으로 답을 하였다. 그것이 임제의 "할(喝)"이요, 덕산의 "방(棒)"이다. 조주의 "뜰..앞..의.. 잣..나..무.."이다. 이뿐이다.

지금 여기는 시공간의 일이 아니다. 그러므로 지금 여기는, 시공간의 개념으로는 접근할 수가 없다. 밖도 없고 안도 없으며, 과거도 아니고 현재도 아니며 미래도 아니다. 지금 여기는 언어로 표현할 수 없고(言語道斷), 생각으로 헤아릴 수 없다(不可思議). 실로 알 수 없다(但知不會).

여래는 시공간의 분별에서 벗어나 통째인 각(覺)으로, 생명(生命)으로 존재한다. 각(覺)이 있는 그대로의 자연이요, 생명(生命)이 있는 그대로의 자연이다. 노자는 "사람은 땅을 따르고 땅은 하늘을 따르고 하늘은 섭리를 따르고 섭리는 자연을 따른다(人法地 地法天 天法道 道法自然)."고 하였는데, 그 자연을 말한다.

있는 그대로의 각(覺), 생명(生命)은 시공간 이전이므로, 둘로 만물로 나눌 수 없는 실재다. 둘이 아니므로, 언어로 표현할 수 없고, 생각으로 헤아릴 수 없다. 그것은 이름을 짓자마자 둘로, 만물로 나누어지기 때문이다. 있는 그대로의 실재는, 이름으로 나누어지는 존재가 아니다. 그러므로 나누어진 만물은 실체가 없는 이름일 뿐이다.

그런데 중생은 이 나누어진 만물을 실재한다고 착각하고는, 이들을 비교 취사하며 살아간다. 그리고는 만물 중 하나로 나(ego)를 내세운다. 이제 그 나(ego)는 비교에서 우위를 차지하는 이름을 추구하며 산다. 선악 중에 선을, 미추 중에 미를, 청탁 중에 청을, 우열 중에 우를, 장단 중에 장을, 귀천 중에 귀를, 육도윤회 중에 천국을, 생사 중에 생을, 상하 중에 상을, 부처와 중생 중에 부처를, 해탈과 굴레 중에 해탈을 추구한다. 모두 이름일 뿐인 나(ego)를 치장하기 위해, 이름일 뿐인 비교치를 추구한다.

그 비교, 선택하는 추구가 세상을 갈등으로 몰아가고 사바세계를 이룬다. 이름일 뿐인 비교만을 추구해 간다면, 우리네 삶은 얼마나 헛되고 헛될 것인가? 그러므로 둘이 아닌 안목에 눈을 뜨는 것이 급선무이다.

비교에 대한 추구가 아무리 극심하다 하여도, 있는 그대로의 실재는 언제나 둘이 아닌 채로 여여(如如)하다. 마치 파도가 바다를 바꿀 수 없듯이, 구름이 하늘을 바꿀 수 없듯이, 언제나 바다이고 하늘이다.

선악·미추·청탁·우열·장단·귀천·육도윤회·생사·상하·부처와 중생·해탈과 굴레 등은 서로 연기하여 나타난다. 이들은 둘이 아니어서, 언제나 여여(如如)하다.

둘이 아닌 실재는 출세간(出世間)이고 둘로, 만물로 나누어진 세상은 세간(世間)이다. 이름을 따르지 않으면 출세간이고, 이름을 따르면 세간이다. 출세간과 세간은 연기하며 둘이 아니다. 출세간이 있어 세간이 있고, 세간이 있어 출세간이 있다. 우리네 삶의 양면이다. 어느 하나를 버릴 수 없다.

그렇다면 출세간의 안목으로, 세간에 나아가 살아야 한다. 이것이 불교에서 말하는 시정에 머물러 산다는 입전수수(入鄽垂手)의 삶이요, 노자가 말하는 티끌과 함께 한다는 화광동진(和光同塵)의 삶이다.

출세간의 안목을 가지고, 세간의 모든 분별과 이름들을 쓰면서 살아가야 한다. 출세간의 안목은 무아(無我)이다. 내가 없어 가되 간 바 없고, 비교하되 비교한 바 없으며, 추구하되 추구한 바 없다.

그래서 백장은 "인과에 떨어지지 않는 것이 아니라(不落因果), 인과에 어둡지 않다(不昧因果)."고 하였다.

96. 세상은 생각의 산물이다

　있는 그대로의 실재(實在)는 본래 둘이 아니다. 그 둘이 아닌 실재를 이름이 둘로, 만물로 나누어 놓았다. 만물은 이름으로 나누어졌을 뿐, 있는 그대로의 실재는 나누어진 바 없다. 이름을 짓기 이전의 있는 그대로의 실재는, 알 수도 그릴 수도 찾을 수도 없다. 우리가 알고 그리고 찾을 수 있는 것은 생각, 이름, 개념, 이미지일 뿐이다. 그러므로 있는 그대로의 실재는 있다 해도 어긋나고, 없다 해도 어긋나며, 무한하다 해도 어긋나고, 유한하다 해도 어긋난다. 언어로 표현할 수 없고(言語道斷), 생각으로 헤아릴 수 없다(不可思議). 실로 알 수 없다(但知不會).

　우리가 알 수 있고 그릴 수 있고 찾을 수 있는 세상은, 내 생각의 산물이다. 생각, 이름, 개념, 이미지는 서로 연기한다. 모두 이것이 있어 저것이 있고, 이것이 없으면 저것도 없는 연생(緣生), 연기(緣起)하는 관계다. 상즉(相卽)하고 상의(相依)하며 상입(相入)한다. 그러므로 한 생각이 일어나면 만 가지 생각이 동시에 일어나고, 한 생각이 멸하면 만 가지 생각이 동시에 멸한다. 본래 둘이 아니어서, 한 물건도 따로 없다.

시간과 공간은 생각의 산물이다. 그 시공간의 한 점을 차지하는 만물 역시 시공간적인 존재여서 생각의 산물이다. 동서남북, 상하좌우, 내외가 생각의 산물이고, 과거 현재 미래, 연월일시가 생각의 산물이다. 선악·시비·미추·청탁·우열·귀천·경중·대소·주객·유무·빈부·생로병사가 생각의 산물이다. 이들 개념이 모여 만들어진 만물 역시 생각의 산물이다. 그러므로 시공간을 비롯한 그 안의 만물은, 생각할 때만 나타난다. 꿈 속 세상 역시 꿈을 꿀 때만 존재하는 것과 같다.

우리 생각이 만들어 낸 이와 같은 시공간적인 세상에 대해, 부처는 금강경에서 "삼라만상이 모두 허망하여 이름일 뿐이다. 만약 이와 같이 볼 수 있으면 바로 여래를 보는 것이다. 일체 만물은 꿈같고 환상 같고 거품 같고 그림자 같고 이슬 같고 번갯불 같으니 마땅히 이와 같이 보라(凡所有相 皆是虛妄 若見諸相非相 卽見如來 一切有爲法 如夢幻泡影 如露亦如電 應作如是觀)."고 하였다.

부처는 금강경에서 "마땅히 머무름 없이 그 마음을 내라(應無所住 而生其心)."고 하였다. 생각이 만들어 낸 이 세상은 실체가 없는 꿈과 같으니, 마땅히 여기에 집착하지 말고 살라는 것이다. 실체가 없는 그림자 같은 이 세상을 실재한다고 망상하여 여기에 집착한다면, 우리는 바로 비교 갈등의 삶을 살게 된다. 비교 갈등의 삶이 고해요, 사바세계이다.

만약 일체 만물이 실체가 없는 이름일 뿐임을 안다면, 있는 그대로의 실재인 여래에 눈을 뜨게 된다. 우리 일상인 견문각지 어묵동정 행주좌와가 누구의 일이겠는가? 실체가 없는 이름일 뿐인 만물의 일은 아닐 것이다. 한 물건도 따로 없다. 누구의 일인가? 지금 여기 생명의 일이다. 너 없는 나의 일이다. 이것을 보는 것이 여래(如來)를 보는 것이요, 진정으로 영원한 부활이다.

망상과 보리(菩提)는 둘이 아니다. 조주의 "뜰..앞..의.. 잣..나..무..", 운문의 "똥..을.. 닦..는.. 막..대..기..", 구지의 "손가락", 임제의 "할(喝)", 덕산의 "방(榜)", "하..늘..이.. 맑..습..니..다.."는 망상이면서 보리이다. 말과 모양을 따르면 망상이요, 이를 따르지 않으면 보리이다. 세간이 출세간이요, 출세간이 세간이다. 세간도 이름일 뿐이요, 출세간도 이름일 뿐이다. 이들은 둘이 아니다.

그러므로 보살은 지금 여기 불이(不二)의 안목으로, 착한 것은 착한 것으로, 악한 것은 악한 것으로, 산은 산으로, 물은 물로 쓰면서 세간을 살아간다. 입전수수(入廛垂手)의 삶이다. 출세간과 세간이 모두 원만하다.

안목(眼目)만을 요구할 뿐, 행(行)을 묻지 않는다. 불이(不二)의 안목만을 요할 뿐이다. 다시 행(行)을 요구한다면, 그것은 나누어 보는 분별 망상에 머무는 것이기 때문이다. 그래서 위산은 제자 앙산에게 "안목을 귀하게 여길 뿐, 행을 묻지 않는다."고 한 것이다.

좀 더 좋은 세상을 꿈꾸지 말 것이다. 그것은 이곳을 버리고, 저곳으로

가고자 하는 소승의 길이다. 다만 지금 여기 불이(不二)의 안목(眼目)만
을 익숙하게 할 일이다.

97. 시공간의 세계와 지금 여기

시공간의 세상은 시간이 있고 공간이 있는 세계이다. 과거 현재 미래로 나누어지고, 동서남북 상하좌우 내외원근으로 나누어지고, 너와 나 등 만물로 나누어진 세상이다. 내가 따로 있어 사물을 보고 들으며, 내가 따로 있어 가고 오고 말하며, 내가 따로 있어 기뻐하고 슬퍼한다. 행위 주체는 나이며, 행위 대상은 만물이다. 유위(有爲)의 삶이며, 인연과(因緣果)의 세상이다.

시공간의 세상에는 내가 따로 있고 네가 따로 있다. 그래서 행위 주체가 있어, 내가 가고 네가 오는 세상이다. 행위 주체가 따로 있어 유위(有爲)다. 그러나 이는 망상이다.

시간과 공간은 연기한다. 시간이 있어 공간이 있고, 공간이 있어 시간이 있다. 시간이 없으면 공간도 없고, 공간이 없으면 시간도 없어, 상즉(相卽)하고 상의(相依)하며 상입(相入)한다.

시간과 공간은 둘이 아니다. 따라서 시간과 공간은 고유한 자성(自性)

이 없어, 실체가 없는 이름일 뿐이다. 시공간의 한 점을 차지하는 만물 역시 자성이 없어, 실체가 없는 이름일 뿐이다(萬法無自性). 시공간을 비롯한 만물이 실체가 없는 이름일 뿐이라면, 있는 그대로의 본래 모습은 무엇인가?

지금 여기 일이다. 지금 여기를 묻는 제자에게, 조주는 "뜰..앞..의.. 잣..나..무..다.."고 하였고, 임제는 "할(喝)"로 보여 주었고, 덕산은 "방(榜)"으로 보여 주었고, 구지는 손가락을 들어 보였다. 행위의 주체가 없어, 무위(無爲)다.

시공간의 세상은 세간법(世間法)이다. 시공간 너머의 지금 여기는 현존일념(現存一念)이요, 현존일각(現存一覺)인 출세간법(出世間法)이다. 그러나 세간법과 출세간법은 둘이 아니다. 세간법이 출세간법이요, 출세간법이 세간법이다. 세간법 그대로가 출세간법이요, 출세간법 그대로가 세간법이다. 세간법에는 행위 주체가 있으나, 출세간법에는 행위 주체가 없다.

우리 일상에서 말과 모양을 따르면 세간법이요, 말과 모양을 따르지 않으면 출세간법이다. 그래서 하되 한 바 없고, 가되 간 바 없고, 오되 온 바 없으며, 말하되 말한 바 없다고 하는 것이다.

안목(眼目)이 중요할 뿐이다. 우리 공부는 유위를 버리고 무위로 가는 공부가 아니다. 세간법을 버리고 출세간법으로 가자는 공부가 아니다.

그저 세간법과 출세간법이 둘이 아니어서, 유위이면서 동시에 무위임을 확인하는 공부다. 그래서 세간의 비교 속에서 살되, 비교한 바 없어 안심입명(安心立命) 하자는 공부다.

98. 우리를 힘들게 하는 것

　시간과 공간은 우리 생각이 만들어 낸 실체가 없는 이름이요, 이미지
일 뿐이다. 만물(萬物) 역시 시공간적인 것으로 이름이요, 이미지일 뿐
이다.

　과거의 마음도, 현재의 마음도, 미래의 마음도 얻을 수 없다(過去心不
可得 現在心不可得 未來心不可得). 과거의 몸도, 현재의 몸도, 미래의
몸도 얻을 수 없다. 따라서 마음과 몸은 그림자요, 이름일 뿐이다. 그러
나 우리는 그 몸과 마음을 나(我相)로 삼고 있다.

　그렇다면 참 나(眞我)는 누구인가? 참 나는 이름이요, 이미지일 뿐인
시공간적인 것이 아니다. 시공간을 너머서 시작과 끝이 둘이 아니요, 안
과 밖이 둘이 아닌 지금 여기 생명(生命)이요, 현존일념(現存一念)이며
현존일각(現存一覺)이다.

　"하..늘..이.. 맑..습..니..다.."이다. "밤..하..늘.. 별..이.. 총..총..
합..니..다.."이다. "하..늘..이.. 맑..습..니..다.."는 지금 여기 있는 그대

로의 주객합일의 실재이다.

그러나 말을 따라가 주객을 나누어 보면, 시공간의 세상이다. 말을 따르지 않으면, 있는 그대로의 생명이요, 여래이다. 그래서 "하..늘..이.. 맑..습..니..다.."는 보리이나, 말을 따르면 망상이다.

우리는 시공간적인 몸의 생로병사를 두려워한다. 그러나 그 생로병사 역시 시공간적인 몸을 두고 하는 말이므로, 실체가 없는 이름일 뿐이다.

우리는 또한 명예의 실추를 두려워한다. 그러나 그 명예를 구성하는 미추·우열·선악·귀천·빈부·군자와 소인 역시, 이름일 뿐인 몸을 장식하는 실체가 없는 이미지일 뿐이다.

결국 우리를 힘들게 하는 것은 이름과 이미지의 소멸과 실추이다. 그런데 몸과 명예 등에 대한 두려움마저도 알고 보면 보리이다. "아.. 이..고.. 두..렵..다.."가 지금 여기 생명이요, 여래이다. 여래 아님이 어디 있겠는가?

두려움과 태연함을 취사하지 말라. 그저 회광반조(回光返照)하여, 두려움도 태연함도 여래임을 자각할 일이다. 그럼 두렵되 두렵지 않다. 그래서 옛 어른들은 "안목(眼目)만이 귀할 뿐, 행(行)을 문제 삼지 말라."고 했다.

99. 내가 없다

내가 없는데 있다.
그 "있..음.."이 본래 나다.

봄이요, 들음이다.
행위자가 없어
주객합일(主客合一)의 각(覺)이며, 전존재(全存在)다.

영원히 지금 여기 각(覺)으로
현존일념(現存一念)이요, 현존일각(現存一覺)이다.

지금 여기 각(覺)일 뿐
한 물건도 따로 없어서
차제(次第)도 인과(因果)도 없다.

생각이 시공간을 만들고
생각이 시공간 안에 만물을 만들어 낸다.

따라서 시공간과 만물은 이미지요, 그림자일 뿐이므로
세간은 히망한 인연과(因緣果)의 세상이다.

시공간의 세상은 세간(世間)이다.
지금 여기는 출세간(出世間)이다.

본래 출세간이나
생각을 따르면 세간이다.
출세간이면서 세간이다.

출세간(出世間)의 안목으로
세간(世間)을 살아간다.

그래서 말하되 말한 바 없으며
가되 간 바 없고, 오되 온 바 없다.

그래서 의상 대사는 "한 걸음 한 걸음 내딛는 그 자리가 본래 자리요
(行行本處), 도달하는 그곳이 출발한 자리다(至至發處)."고 하였다.

100. 심우도(尋牛圖)

진리를 찾는 길(尋牛圖)은

소를 찾아 나서고(尋牛)
소 자취를 발견하고(見跡)
소를 발견하고(見牛)

소를 얻고(得牛)
소를 길들이고(牧牛)
소를 타고 집으로 돌아오고(騎牛歸家)

깨달음을 내려놓고(忘牛存人)
망상도, 보리도 내려놓고(人牛俱忘)
본래 자리로 돌아와(返本還源)
출세간의 안목으로 세간을 사는 것이다(入廛垂手).

그런데 진리를 찾는 길이, 순서를 따라 도달하는 것인가?

그렇다면 이는 시공간의 일이다.

과거가 현재를 낳고, 현재가 미래를 낳는 인과의 세계다.

그러나 시공간은 이미지일 뿐, 실체가 없는 이름일 뿐이다.

과거도, 현재도, 미래도 얻을 수 없는 그림자일 뿐이다.

동서남북, 상하좌우도 모두 얻을 수 없는 그림자일 뿐이다.

영원히 지금 여기일 뿐이다.

소를 찾아 나서는 것이 지금 여기 일이고

소 자취를 발견하는 것이 지금 여기 일이고

소를 발견하는 것이 지금 여기 일이고

소를 얻는 것이 지금 여기 일이고

소를 길들이는 것이 지금 여기 일이고

소를 타고 집으로 돌아오는 것이 지금 여기 일이고

깨달음을 내려놓는 것이 지금 여기 일이고

망상도, 보리도 내려놓는 것이 지금 여기 일이고

본래 자리로 돌아오는 것이 지금 여기 일이고

출세간의 안목으로 세간을 사는 것이 지금 여기 일이다.

우리의 일상인 견문각지(見聞覺知) 어묵동정(語默動靜) 행주좌와(行住坐臥)가 모두 지금 여기 일이다.

지금 여기일 뿐, 한 물건도 따로 없다.
망상마저도 지금 여기 일이니, 달리 찾을 물건이 없다.
달리 깨달을 물건도 없다.

망상마저 보리이니
안목(眼目)만이 필요할 뿐
달리 행(行)을 문제 삼을 일은 아니다.

영원한 지금
마음을 밝히다

ⓒ 선재 박준수, 2023

초판 1쇄 발행 2023년 1월 23일
    2쇄 발행 2023년 11월 7일

지은이	선재 박준수
펴낸이	이기봉
편집	좋은땅 편집팀
펴낸곳	도서출판 좋은땅
주소	서울특별시 마포구 양화로12길 26 지월드빌딩 (서교동 395-7)
전화	02)374-8616~7
팩스	02)374-8614
이메일	gworldbook@naver.com
홈페이지	www.g-world.co.kr

ISBN   979-11-388-1607-6 (03100)